D. 2117. ~~~~~~~

D. 1924.

I0089000

D. 2117.

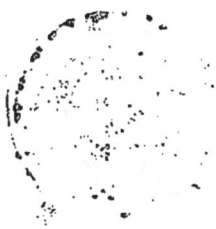

124 58

LES
ENLVMINVRES
DV FAMEVX
ALMANACH
DES
PP. IESVISTES,
INTITVLE',

LA DE'ROVTE ET LA
confusion des Iansenistes.

OV

TRIOMPHE DE MOLINA IESVISTE
SVR S. AVGVSTIN.

BIBLIOTHECA REGIA

LETTRE DE L'AVTEVR
à vn de ſes amis, à qui il s'eſtoit confié de ſon ouvrage.

MONSIEVR,

Ie vous enuoyé les Enluminures auec les additions que vous y auez iugé neceſſaires. Les faits dont vous m'auez depuis peu informé en particulier, & que vous auez crû deuoir y eſtre inſerez, m'ont paru auſſi bien qu'à vous, tresimportans, & ſi attachez aux ſujets que ie traittois, que ie n'ay pû me diſpenſer d'entreprendre ce nouueau trauail. I'ay abregé chaque choſe le plus que i'ay pû : I'en ay paſſé meſmes quelques-vnes ſans les toucher en aucune ſorte, parce que mon but n'a pas eſté de dire dans ces vers tout ce que ie pouuois dire, mais ſeulement ce qui paroiſſoit inſeparablement joint au deſſein principal que ie m'eſtois propoſé, qui eſt la deffenſe de ſaint Auguſtin & de ſes Diſciples, ſi outrageuſement traittez par cét Almanach. I'aurois mis d'abord ce que i'y adjouſte preſentement, ſi vous m'euſſiez donné deſlors les auis & les memoires qui m'eſtoient neceſſaires pour cét effet, comme vous me les auez don-

nez depuis. Maintenant ie croy auoir satisfait à
cette necessité, & ie suis absolumēt resolu de ne
plus rien adjouster à cét ouurage. Ie me suis aussi
rendu aux instances que vous m'auez faites de
mettre à la marge ce qui est necessaire pour iu-
stifier ce que ie rapporte. Car ie vous auois toûjours opposé que cela ne se faisoit point en vers.
Mais ce que vous m'auez fait adiouster pour la
iustification de S. Augustin contre la maniere
iniurieuse & tout à fait insupportable dont le
Pere Adam Iesuiste l'a traitté dans son liure, a
esté vne des principales raisons qui m'a obligé
de suiure vostre auis touchant ces marges: parce qu'autrement il eust esté à craindre qu'on ne
me soupçonnast d'auoir beaucoup exaggeré les
excez de cét Auteur, aussi bien que les vanitez
tout à fait inconceuables dont les Iesuistes se
sont releuez eux-mesmes dans l'Image de leur
premier siecle. Quant à l'auis que vous me don-
niez, que ces bons Peres, qui ont tousiours agy
iusques à la publication des Enluminures, comme les auteurs, les approbateurs, & les protecteurs de cét Almanach si glorieux pour leur
party, & si honteux à leurs aduersaires, com-
mencent à dire en particulier à quelques-vns de
leurs amis, qu'ils n'y ont point eu de part, &
qu'on a tort de s'en prendre à eux; vous iugez
assez, Monsieur, que c'est vne pitoyable def-
fense, & qui vient vn peu trop tard, apres les
grands triomphes & les distributions qu'ils en

ont faites à Paris, & dans les Prouinces. Mais
de plus, s'ils obligent à reueler leur myftere caché, on leur fera voir qu'on eft mieux informé
qu'ils ne penfent ; & qu'vn de leurs confreres
mefmes a efté affez fincere pour auoüer ce que
l'on fçauoit déja, & fpecifier en particulier la
part qu'ils ont euë à la fabrication de cette pie-
ce en l'eftat qu'elle a efté grauée & donnée au
public ; & fur quoy peut eftre fondée l'equiuo-
que, dont ils fe feruent pour affeurer, non en
public (ce qu'ils n'ont encore ofé faire) mais
en fecret, & à quelques-vns de leurs amis feu-
lement, qu'ils n'en font pas les Auteurs. Ie fuis
&c.

Le 18. Février 1654.

A iij

DESCRIPTION EXACTE

du fameux ALMANACH, intitulé LA
DEROVTE ET CONFVSION
DES IANSENISTES.

Comme cet Almanach peut n'auoir pas esté veu de tous
ceux qui en pourront lire les Enluminures, on a crû
qu'il estoit à propos pour la satisfaction du Lecteur, &
pour luy donner plus d'intelligence de chaque Enlu-
minure en particulier, d'en faire vne exacte & fidelle
Description en la maniere qui suit.

AV milieu de la planche dans la partie la plus haute, il
y a plusieurs rayons qui sortent du ciel, & vn S. Esprit; au dessous duquel immediatement est le PAPE assis,
reuestu d'vne chappe, & couuert de sa thiare, il tient vne
épée flamboyante en sa main droite, & vn liure en sa gauche. Il y a à son costé droit vne fille, qui represente *La Re-*
ligion, & tient d'vne main la croix, dont le pied écrase la
teste d'vn gros serpent, & vn calice de l'autre. A son costé
gauche est vne autre fille semblable à vne Pallas qui a le
casque en teste, au dessus duquel est écrit: *La puissance de*
l'Eglise. Elle tient en sa main gauche les deux clefs de S.
Pierre, & touche de sa main droite la garde de l'épée flamboyante que tient le Pape. Allentour du Pape des deux
costez, il y a des Cardinaux assis, trois du costé droit, &
quatre du costé gauche, dont le quatriéme est habillé en
Euesque.

En la partie la plus éloignée du Pape, & qui est à sa main
droite, LE ROY est peint assis dans vn thrône, ayant à
son costé droit vne fille qui represente *La Concorde*, & qui
tient en sa main vn trousseau de fléches. A sa main gauche
& prés de luy est representé vn ieune homme, dont la teste

eſt enflammée, qui a des aiſles d'ange, auec cet Eſcriteau, *Zele diuin*, & il tient en ſa main droite vn cœur d'où ſortent des flammes. Aux pieds du Roy eſt vne fille qui porte pour tiltre, *la Pieté*, qui tenant les mains iointes le regarde, & a ſur ſes genoux vn liure ſur lequel il y a vn crucifix. Prés d'elle eſt *La Iuſtice* qui regarde le Roy, & qui tient en ſa main gauche des foudres, & vne épée nuë en ſa droite: & le Roy eſt repreſenté, comme luy marquant auec ſon ſceptre de pourſuiure & de percer ceux qui ſont deuant elle, qui repreſentent le Ianſeniſme comme vne ſecte condamnée, à laquelle on attribuë trois qualitez.

La 1. eſt la *Tromperie*, repreſentée ſous la figure d'vn homme terraſſé, dont le viſage eſt noir & hideux, & qui tient de ſa main ſur ſon front vn beau maſque qui le couure en partie.

La 2. eſt *L'Ignorance*, figurée par vn gros & laid marmot, qui a des oreilles d'Aſne.

La 3. eſt *l'Erreur*, ſous la figure d'vn homme, qui a des ailes de Diable, & deuant lequel eſt repreſenté vne fille qui tient vn liure ouuert, au haut duquel ſont écrits ces mots: *Pro omnibus mortuus eſt*. Et au deſſous de ces paroles ſont repreſentez des rayons qui ſortent, au milieu deſquels eſt écrit, *La verité de l'Eſcriture*. Cet homme ferme ſes yeux auec ſes mains pour ne pas voir ces rayons.

Entre ces figures eſt repreſenté feu *M. Ianſenius Eueſque d'Ipre* habillé en Eueſque auec ſon camail & ſon rochet, & ayant au dos des ailes de Diable. Sur le bord de ſon camail eſt écrit le *Ianſeniſme*. Il eſt peint comme vn homme effrayé regardant le Roy, & tenant en ſes deux mains ſon liure, qui porte pour tiltre: *Cornelij Ianſenij Auguſtinus*. Et il paroiſt comme fuyant, & ſe retirant vers les Miniſtres Caluiniſtes.

Vn peu plus loing que luy ſont repreſentez deux hommes, & vne vieille femme qui a des lunettes, qui joint les mains comme toute éperduë, & a ſur ſon colet écrit: *Les*

A iiij

Ianfeniftes. Ces trois perfonnages font encore figurez auffi bien que M. d'Ipre, comme fe retirans vers les Miniftres huguenots, dont l'vn peint fur le portrait de Caluin les reçoit à bras ouuerts : & au deffus de leur tefte eft écrit, *Les Caluiniftes.*

Au pied de tous ces perfonnages il y a trois quatrains.

Le premier a pour tiltre, LE PAPE : Et on les fait parler de cette forte.

Puifque du S. Efprit l'Eglife illuminée
D'vne fauffe doctrine accufe les auteurs,
Par la puiffance enfin que Dieu nous a donnée
Nous condamnons leur fecte & tous leurs fectateurs.

Le fecond quatrain porte ce tiltre : LE ROY. Et on luy fait dire ces quatre vers.

Pouffez par la concorde, & meus d'vn diuin zele :
Qui maintient nos fujets dans l'efprit d'vnion :
Preftons pour abolir vne erreur criminelle
Le bras de la juftice à la religion.

Le troifiéme quatrain porte ce tiltre, LES IANSENISTES : Et on les fait parler ainfi.

Ah! que deuiendrons-nous, malheureux Ianfeniftes!
Il faut à nos erreurs renoncer à la fin :
Ou nous joindre au party des Docteurs Caluiniftes
Car le noftre auffi bien tient beaucoup de Caluin.

TABLE DES ENLVMINVRES.

PREMIERE ENLVMINVRE SVR LE TITRE DE L'ALMANACH. *page 1.*

II. ENLVMINVRE. *Sur la forme en laquelle est representé le Pape, & le quatrain que l'Almanach luy fait dire.* p. 3

III. ENLVMINVRE. *Sur le dessein qu'ont eu les Peres Iesuistes dans cet Almanach, qui a esté de tromper les simples, Histoire agreable sur ce sujet.* p. 8

IV. ENLVMINVRE. *Sur ce que le Roy est representé dans son throsne, & la Iustice à ses pieds, tenant vne épée nuë en vne main, & des foudres en l'autre.* p. 14

V. ENLVMINVRE. *Sur ce que la* Tromperie *est representée auec vn laid visage sous vn beau masque, comme estant propre au Iansenisme.* p. 22

VI. ENLVMINVRE. *Sur ce que* l'Ignorance *peinte sous la figure d'vn idiot qui a des oreilles d'asne, est attribuée au Iansenisme.* p. 25

VII. ENLVMINVRE. *Sur la representation de* l'Erreur *qui se ferme les yeux pour ne pas voir vne lumiere qui sort d'vn liure où est écrit,* Pro omnibus mortuus est. p. 28

VIII. ENLVMINVRE. *Que les Iansenistes sont aueugles dans l'Escriture, comme l'Almanach les represente, en ce qu'ils n'y ont pas reconnu les*

nouuelles lumieres, que les Peres Iesuiſtes y ont
découuertes, en trouuant vn chemin tres-facile
pour aller en Paradis.   p. 31

IX. ENLVMINVRE. Que cette facilité d'aller en
Paradis n'eſt que pour les amis des Iesuiſtes, &
que pour les autres, quelques pieux qu'ils ſoient,
ils ont vn Venin caché, qui les doit faire fuyr
comme des hypocrites & des trompeurs.   p. 37

X. ENLVMINVRE. Que l'vne des plus grandes
Erreurs des Ianseniſtes, qui ſont repreſentez par
cet Almanach ſous la figure de l'Erreur, eſt de
n'eſtre pas tout à fait perſuadez des grands eloges
que les Iesuiſtes ſe donnent à eux-meſmes.   p. 43

XI. ENLVMINVRE. Sur ce que feu M. Iansenius
Eueſque d'Ipre, eſt peint en Eueſque auec des ailes de demon, & eſt repreſenté comme fuyant deuant l'épée nüe de la Iuſtice, & ſe retirant vers
les Caluiniſtes.   p. 47

XII. ENLVMINVRE. Sur le Tableau que le Curé
de Flobecq proche de Cambray, grand Moliniſte
a mis dans ſon Egliſe depuis peu de mois, où les
Iesuiſtes ſont releuez comme dompteurs de la rage
des Ianseniſtes, & deux diables repreſentez for-
geans les liures de Luther & de Caluin ſur vne enclume, & quatre celuy de M. Iansenius.   p. 53

XIII. ENLVMINVRE. Sur vne Proceſſion que
les Iesuiſtes de Maſcon firent faire à leurs Ecolliers
le Lundy gras de l'année 1651. où vn garçon veſtu
en fille, & repreſentant leur grace ſuffiſante menoit en triomphe vn Eueſque, qui repreſentoit feu

Monſieur d'Ipre. p. 59

XIV. ENLVMINVRE. *Sur ce que d'autres ſous le*
nom de Ianſeniſtes ſont encore repreſentez dans
cet Almanach *comme ſe retirans vers les Hu-*
guenots. p. 64

XV. ENLVMINVRE. *Sur le* Vœu des Ieſuiſtes
de Caen à la ſainte Vierge , *du mois de Iuin*
1653. par lequel ils demandent: Qve IESVS-
CHRIST *ne ſoit point Redempteur de ceux-là*
ſeuls , qui ne ſeront pas de leur ſentiment touchant
leur Grace *ſuffiſante , donnée à tous les hommes*
ſans exception , & à chacun d'eux en particulier;
c'eſt à dire que tous ceux qui ne ſont pas Moliniſtes
ſoient damnez. p. 67

XVI. ENLVMINVRE. *Ce que c'eſt au vray que le*
Ianſeniſme. *Que c'eſt ſuiure dans la matiere de la*
Grace *la doctrine de* S. Auguſtin , *& non celle*
de Molina Ieſuiſte. *Efforts de ces* Peres *pour rui-*
ner l'autorité de ce grand Docteur. p. 70

XVII. ENLVMINVRE. *Sur le mépris de l'auto-*
rité de ſaint Auguſtin , *que les* Ieſuiſtes *du Col-*
lege de Clermont *témoignerent dans vne diſpute*
publique, auſſi-toſt apres la Conſtitution du Pape.
p. 81.

XVIII. ENLVMINVRE. *Sur la maniere , dont les*
Ieſuiſtes *traitent ceux qu'ils appellent* Ianſeniſtes,
dans leur Catechiſme de S. Louys : *Et ſur le debit*
de cet Almanach. p. 93

LA DÉROVTE
ET CONFVSION DES
IANSSENISTES.

LE PAPE
Puis que du St Esprit l'Eglise Illuminée
D'une fausse doctrine accuse les autheurs
Par la puissance enfin q. Dieu nous a donné
Nous Condamnons leurs Secte et rev'ra l'Héretate.

LE ROY
Poussé par sa Concorde aux q. d'un Diuin Zele
Qui maintient nos Sujets dans leur et diuison
Portons p. abolir vne Erreur Criminelle
Le bras de la iu tice a la Religion.

LES IANSSENISTES
Ha que deuiendrons nous malheu Iansenistes
Il faut a nos Erreurs renoncer a la fin
On ne se rendre au party des doct Caluinistes
Car le rev aussi bientost beaucoup de Caluin.

LES ENLVMINVRES
DV FAMEVX ALMANACH
DES PP. IESVISTES,
INTITVLE'
A DE'ROVTE ET LA
confusion des Iansenistes.

Enrichies de nouuelles couleurs.

PREMIERE ENLVMINVRE
sur ce Titre.

ENfin MOLINA *plein de gloire*
Triomphe auec sa bande noire :
Le libre arbitre audacieux
Domine la Grace des cieux ;
Et l'humble AVGVSTIN *en déroute*
Crie en vain, qu'au moins on l'écoute.
Les Iansenistes éperdus
Pesle-mesle sont confondus :
Tout fuit, & iamais la nature
Ne vid telle déconfiture.

Eux qui ne paſſoient pas pour ſots
Au jugement des moins lourdaus:
Dont meſme on auoit crû merueilles,
Sans prendre garde à leurs oreilles,
Sont deuenus en vn moment,
Des monſtres pleins d'aueuglement,
De gros aſnes, dont l'ignorance
Auoit leurré toute la France.
Deſormais leurs belles raiſons
Iront aux petites maiſons:
Leur ſuffiſance eſt diſſipée:
Elle eſt miſe au fil de l'épée,
Et MOLINA maiſtre de tout
Pouſſe le Ianſeniſme à bout.

   Mais d'où vient ce prodige étrange?
D'où vient ce miracle? Eſt-ce vn Ange,
Qui deſcendant du haut des cieux
A fait ce chef-d'œuure à nos yeux?
Ou du moins quelque hôme admirable
Qui par vn liure incomparable
Dans cette ſombre obſcurité
A fait luire la verité?
Non, non, vne ſi grande choſe
Vouloit vne plus noble cauſe:

Vn ALMANACH *plus que diuin*
Eſt venu l'épée à la main;
Et frapant d'eſtoc & de taille
Sans peine a gagné la bataille;
Et mis en fuite tous ces preux,
Qu'on croyoit ſi cheualeureux.

II. ENLVMINVRE.

Sur la forme en laquelle eſt repreſenté le Pape, & le quatrain que
l'ALMANACH luy fait dire.

V Oyons-donc vn peu la ſtruÉture
De ce beau trophée en peinture:
Découurons ce rare tableau;
Et qu'vn ſpeÉtacle ſi nouueau,
Par ſes merueilles ſans exemple,
Charme noſtre œil qui le contemple.
Ie voy dépeint au plus haut lieu
Le Pape Vicaire de Dieu:
Sa main tient vne épée ardante,
Vne flamberge étincelante:
L'Egliſe & la Religion
Accompagnent ſon aÉtion.

II. ENLVMINVRE.

4

L'Almanach *en cét équipage*
Luy fait iöüer son personnage ;
Et le grand maistre du balet
Luy met en bouche ce rolet :
Puis qu'enfin l'Eglise diuine
Accuse vne fausse doctrine,
Nous en condamnons les auteurs,
La secte & tous les sectateurs.

Ce sont les quatre vers racourcis de l'Almanach.

Telle est la sentence Papale
Dans cette Bulle Almanachale ;
Et quand vn Iesuiste auroit fait
Ces vers trauestis en decret,
Il n'auroit pû choisir des termes
Plus clairs, plus formels, ni plus fermes:
Mais ne peut-on pas hardiment
Appeller en ce jugement,
Sans qu'on s'emporte ou qu'on s'échape
De ce Pape peint au vray Pape ;
Et confondre ces fictions
Par sa voix & ses actions ?
Ceux, dont vostre haine obstinée
Fait vne secte condamnée ;
Des Prelats estant députez
Au Pape se sont presentez ;

Ils

Ils ont souſtenu la doctrine
Contraire aux dogmes de MOLINE,
Et monſtré, que l'erreur en vain
Fait la guerre au grand AVGVSTIN.
Ils ont diſſipé les nuages
Qu'on oppoſe à ſes ſaints ouurages :
L'Apoſtolique Sainteté
Les a comblez de ſa bonté :
Les a meſme apres la ſentence
Honorez de ſa bien-veillance :
Ils auoient proſcrit par écrit
Tout ce qu'enſuitte elle a proſcrit :
Ce qu'en general elle ordonne,
Marque l'erreur, non la perſonne :
Où ſont donc ces yeux foudroyans,
Ces traits, ces glaiues flamboyans,
Et l'anatheme chimerique
Contre vne ſecte fantaſtique ?   Reſpect deû au
Vous deuiez au moins en ce lieu   Pape.
Porter reſpect à l'Oingt de Dieu,
Et n'orner pas de ſa Thiare
Voſtre ridicule bagare.
Vn Vicaire de Ieſus-Chriſt,
Sur qui vous peignez ſon Eſprit,

B

Doit-il parer la mommerie
D'vne vaine bouffonnerie?
Il faut reuerer sa grandeur
Auec vn zele plein d'ardeur;
Et conceuoir vne humble crainte
Pour vne Majesté si sainte.

  Mais la celeste autorité,
Qui reside en sa Sainteté,
Est à vostre égard foible, ou forte,
Selon que plus il vous importe;
Et le Pape, tout grand qu'il est,
Perd sa grandeur quand il vous plaist.
Lors qu'il a frapé d'anathemes,
Vos liures remplis de blasphemes,
Poza, Bauny, Rabard, Celot,
Liures, qui sentoient le fagot,
Vous auez dit, que sa puissance
Passe pour estrangere en France.
Ces écriuains ainsi flétris,
Bien loin d'en estre en moindre prix,
Sont, comme apres vne victoire,
Parmy vous en plus grande gloire.
Leurs écrits sont par vous prosnez,
Bien que du Pape condamnez;

Resp. à l'Apol.
de l'Vniuersité.

Et lors qu'on les croyoit en poudre,
Qu'ils fumoient encor de sa foudre,
Malgré Rome & son jugement,
Ils sont soûtenus hautement
Par la Compagnie inuincible,
Et plus que le Pape infaillible.

Accordez vos pretentions
Auec vos propres actions :
Rome donc à tous formidable
A vous seuls sera méprisable.
Le Pape peut tout contre tous :
Mais il ne peut rien contre vous.
Qu'il fasse éclater sa tempeste
Sur vne Iesuistique teste :
Tous vos braues auanturiers,
Ayant le front ceint de lauriers,
Sont à couuert de ce tonnerre
Du diuin Successeur de Pierre.

III. ENLVMINVRE.

Sur le deſſein qu'ont eû les Peres
Ieſuiſtes dans cet ALMANACH,
qui a eſté de tromper les ſimples.
Hiſtoire agreable ſur ce ſujet.

Mais celuy qui ces vers lira
Peut-eſtre icy m'accuſera,
Que ie prends trop en Philoſophe
Vn ouurage de cette étoffe,
Et n'entends pas l'habileté
Des Peres qui l'ont inuenté.
Ils ſçauoient que tout homme ſagé,
D'honneur, d'eſprit & de courage,
Bien loin d'eſtre par eux ſurpris
Rejetteroit auec mépris
Tout cet équipage burleſque
D'vne fanfare ſi groteſque.
Mais ils ne vouloient qu'attraper
Le peuple facile à duper.
Ils vouloient tendre aux coins des ruës
Ce filet pour prendre les gruës,
Les idiots, & les oiſons,
Qui ſont au deſſus des raiſons.

III. Enlvminvre.

Dans ce myſtere de la Grace
Dont la hauteſſe nous ſurpaſſe,
Dont Paul admirant la grandeur
N'oſe ſonder la profondeur,
Ces Docteurs graues & ſeueres
Appellent des eſcrits des Peres,
A cet ALMANACH curieux,
Qui pour juges aura les yeux
Des Colporteurs, des Reuendeuſes,
Des Sauetiers, des Rauodeuſes,
Et de maints autres ſpectateurs,
Qui n'en ſçauroient eſtre lecteurs.
 Pleins d'vn deſſein ſi magnifique,
Si digne de l'ame heroïque,
De ces hommes d'vn ſi grand ſens,
Qui veulent paſſer pour ſçauans:
Ils vont eux-meſmes pleins de joye,
Pour voir, s'ils ont pris de la proye:
Si mainte pie & maint moineau
Aura donné dans le panneau.
 Dans la boutique de Ganiere,
Se retirant vn peu derriere,
Et feignant parler en ſecret,
Auec vn front graue & diſcret;

C'eſt le nom du Graueur qui vend l'Almanach.

B iij

Ils guettent, si cet homme prise
Adroitement leur marchandise ;
Et taschent sur tout d'écouter
Tous ceux qui viennent acheter.
Là les Alizons, les Guilmettes,
Et les vendeuses d'allumettes,
Et ceux qui chantent dans Paris
La mort des rats & des souris :
Hommes, femmes, viennent ensemble,
Et disent ce qu'il leur en semble.
Vne, dont le bec afilé
Sembloit estre mieux emparlé,
Voyons ma commere, dit-elle,
Ce Senius & sa sequelle,
Vois-tu comme ils sont ébahis
Les plus hupez gagnent pays
Et tous en bien pauure équipage
Délogent sans plier bagage.
Voila le Pape & le bon Roy
Qui les mettent en des-aroy.
Qu'est-ce Prelat qui porte vn liure?
Il semble qu'on veut le poursuiure ;
Il a des ailles de démon :
Est-ce donc Senius, ou non ?

ſt-ce vn diable qui ſe déguiſe
En Prelat pour tromper l'Egliſe?
Mais qui ſont ces autres magots?
Ce ſont ces maudits huguenots.
Quoy donc, ces Docteurs Catholiques
Seroient ils bien ſi frenetiques,
Si méchans , & ſi malheureux,
Que de s'aller perdre auec eux?
Mais vous, ma commere Perrette,
Qu'en dites-vous donc? ha pauurette!
Deſormais que deuiendrez-vous?
Car vous eſtes parmy ces loups.
Si l'ALMANACH eſt veritable,
Voſtre perte eſt inéuitable.
Voſtre pretendu ſaint Curé
Qui du peuple eſt tant honoré :
Ce n'eſt pas que ie le dépriſe,
C'eſt vn tres-digne homme d'Egliſe.
Mais il eſt auſſi, ce dit-on,
Seniſte à double carillon.

   Les Peres, qui tenoient à l'erte
Leur double oreille bien ouuerte,
Rioyent ſous cape en écoutant
Vn diſcours qui leur plaiſoit tant.

            B iiij

Lors Perrette assez aduisée
Démesle ainsi cette fusée.
S'il en faut venir au combat,
Ma commere, à bon chat bon rat.
Mais, comme dit Dame Françoise,
Viuons en paix, & fuyons noise.
Puis qu'en ce cas vous sçauez bien,
Que vous ny moy ne sçauons rien.
Nous ne sommes ny doctoresses,
Ny deuins, ny deuineresses :
Laissons aux sçauans leur sçauoir :
Voyons ce que Dieu nous fait voir.
Dimanche vn Docteur tres-habile
Nous dit, comme vn mot d'Euangile,
Qu'au fruit on connoist le fruitier,
Et qu'à l'œuure on void l'ouurier.
Par cette regle, ma commere,
Examinons nostre bon pere,
Qu'on dénigre, & qu'on veut honnir,
Quand Dieu témoigne le benir.
Il est discret ; il est affable :
Il est doux : il est charitable.
Pauure ou riche à luy c'est tout vn :
De tous il est pere commun.

Il donne aumofne fur aumofnes :
Mais il nous fait les plus beaux profnes.
On s'y preffe, on vient de tous lieux,
Il dit d'or; & fait encor' mieux.
Car i'honore ceux qui m'inftruifent.
Mais bien plus s'ils font ce qu'ils difent,
Ie donnerois pour vn niquet
Tout ce qui n'eft que du caquet.

Voila les fruits de ce bon arbre :
I'en voy d'autres froids côme marbre;
Qui veulent le décrediter,
Au lieu qu'ils deuroient l'imiter.
C'eft vn crime diabolique
De dire qu'il fôit heretique ;
Et perfonne, comme je croy,
N'a plus de vertu ny de foy.
Mais aux bons s'attaque l'enuie,
Enfin, Dieu luy doint bonne vie:
I'en voy le fruit. Senifte, ou non,
C'eft tout babil : mais il eft bon.

La troupe à ce difcours prefente
Iuge cette femme prudente;
Et l'ALMANACH dans leurs efprits
Perd plus des deux tiers de fon prix.

Ganiere *interuient plein de zele,*
Et plaide pour son escarcelle :
Mais tous sont prets à repartir,
Qu'il est payé pour bien mentir.
  Lors les Peres, baissant les cornes,
S'en vont tout pensifs & tout mornes:
Iugeant leur piege vn peu grossier,
Pour prendre beaucoup de gibier.

IV. ENLVMINVRE,

Sur ce que le Roy est representé
dans son throsne, & la Iustice à ses
pieds, tenant vne épée nuë en vne
main, & des foudres en l'autre.

R*Euenons à cette peinture,*
  Où l'art fait honte à la nature;
Et taschons d'embellir les traits
Du plus beau de tous les portraits.
  N'apperçoy-je pas ce visage
D'vn Roy, de Dieu la viue image:
Qui regit par ses justes loix
L'Empire des peuples François?

Donc cette Majeſté ſacrée,
De tant de Princes reuerée,
Deuoit à cét amuſement
Seruir encore d'ornement.
La pieté, le diuin zele
Sont repreſentez deuant elle :
Cóme implorans par leurs ſaints vœux
L'effort de ſon bras genereux ;
Et la Iuſtice, à leur requeſte,
Ioint à ſon ſceptre ſa tempeſte ;
Et lance l'épée à la main,
Tous les foudres du Souuerain.

   Peres doucets, nouueaux Apoſtres,
Mais vn peu differens des autres :
Eſt-ce donc là la charité,
Qui regle voſtre pieté ?
Voſtre modeſte Compagnie
Pretend à IESVS eſtre vnie :
A IESVS, dont l'humble grandeur
Commande à tous l'humble douceur.
Luy qui veut que les ſiens cheriſſent
Ceux meſmes qui plus les haïſſent :
Veut-il, que vous trempiez vos mains
Dans le ſang pur de tant d'humains ?

Le P. Seguin Ie-
fuifte dans vn Ecrit
intitulé : *Sommaire
de la Theologie &c.*
en 1644.

Iadis vos plumes temeraires
Peignoient vos deffeins fanguinaires;
Et pleines de ce zele amer
Refpiroient la flame & le fer :
Mais à cét excés cette image
Adjoufte encore cet outrage :
D'impofer vos injuftes loix
Au plus iufte de tous les Roys.
Voftre efprit plein de violence,
Veut rendre fa haute clemence
Vn inftrument de cette aigreur,
Qui vous enuenime le cœur.
Entre les perfonnes fçauantes
On fait des guerres non fanglantes;
Et dans ces doux combats d'efprits
Le plus docte emporte le prix :
Mais vous dont la bande confpire
A s'eftablir dans vn empire,
Qui vous rende de toutes parts
Rois des fciences & des arts :
Vous prenez la noble couftume,
De ne plus combattre à la plume :
Mais de vous remparer toufiours

Le P. Sirmond con-
tre Aurelius.

De traits plus forts que le difcours.

Vous fçauez, que vos grands Hercules
Ont vn peu paru ridicules;
Et témoigné dans leur valleur
Plus de brauoüre que de cœur.
Ce PETAV, ce vaillant athlete,
Qui deuoit mettre en fa pochette
Arnauld, & fes approbateurs,
Seize Euefques, & vingt Docteurs:
Qui deuoit calmer cette noife
Par fon eloquence Gauloife ;
Et traitter les Prelats diuins
Comme de petits grimelins :
A dans cette lutte fameufe
Signalé fa chûte honteufe ;
Et ce geant haut à la main
A paru plus foible qu'vn nain.

Et depuis l'Abbé fi celebre
A conduit la pompe funebre
Du renom jadis tant vanté
De ce preux défait & dompté.

Mais qui dira les incartades,
Les joufles, les rodomontades,
De ce Pere braue & guerrier,
Le Romanefque BRISACIER?

Liure du P. Brifacier intitulé : *Le Janfenifme confondu*, où il fe vante par tout de fa vaillance & de fes proüeffes lors qu'il eftoit Confeffeur d'armée.

Cét Escriuain à toute outrance,
Ce Matamore en eloquence,
Deuoit par ses exploits hardis
Effacer tous les Amadis.

Dans les perils qui l'enuironnent,
Lors que les plus vaillans s'estonnent,
Il est ferme, & iamais la peur
N'eut de commerce auec son cœur.
Sa parole est toute guerriere,
Et sa science caualiere:
Il fait des salues d'argumens,
Et force des retranchemens.
Il est docte: il est intrepide:
Il est Phœbus: il est Alcide:
En l'école, aux champs il se bat:
Il est Auteur: il est Soldat.
Mais on a bien donné la chasse
A ce Capitaine Fracasse:
Qui ne parut pas si vaillant
A soustenir, qu'en assaillant.
Ses impostures estouffées
Firent choir tous ses vains trophées.
L'illustre Prelat de Paris
Foudroya ses sanglans écrits:

Marginal notes:

Parmy tant de serui-
ces perilleux que i'ay
rendus au public. 4.
part. p. 11.

Ceux qui me con-
noissent sçauent que
la peur & moy n'ont
point de commerce
ensemble. Aduis au
Lecteur.

Ie n'ay pas oublié
parmy le bruit des ca-
nons & de la guerre
ce que m'a appris S.
Hierôme. 4. p p.13.

Ie viens à l'assaut
contre vous, Qui
l'emportera? 2. part.
p. 31.

Rendez-vous donc
maintenant, puis que
vos retranchemens
sont emportez. 2. p.
p. 36.

Ie vous apprédray,
que la guerre & la
science ne sont pas
incompatibles. 4. p.
p. 11.

Mais si ie vous pres-
se en hôme de guer-
re, il se faut rendre
à discretion, & con-
fesser; que ie ne suis
pas moins expert en
la guerre de l'école
qu'en celle de la câ-
pagne, ny moins
Theologien que sol-
dat. 2. part. p. 31.

Censure de Monf.
l'Arch.de Paris côtre
le liu. du P.Brisacier
du 29. Decébre 1651.

Il fleſtrit ſes noires atteintes :
Souſtint l'honneur des Vierges ſaintes ;
Et protegea contre ſon fiel
Les Epouſes du Roy du ciel.

   Ces ſenſibles experiences
Ont appris à vos Reuerences,
Que voſtre ſçauoir ſi hautain
Doit mettre vn peu d'eau dans ſon vin.

   Ainſi dans cette guerre calme
Voyant qu'on vous rauit la palme :
Que vos braues ſont détrouſſez ;
Et vos Paladins renuerſez ;
Voſtre prudence eſt occupée
A changer la plume en épée :
A ſouſtenir vos foibles mains
Par le bras fort des Souuerains ;
Vous taſchez d'emprunter leur foudre
Pour mettre vn innocent en poudre :
Pour répondre par des priſons
Quand vous n'auez point de raiſons.

   Mais ANNE noſtre Auguſte Reyne   Eloge de la Reyne.
Ne ſeconde pas voſtre haine ;
Et ſon équitable bonté
Arreſte voſtre cruauté.

Dieu, qui par son doigt a sa crainte
Dans son ame royale emprainte,
Fait, que son cœur suiuant ses loix
Les inspire au plus grand des Roys.
Elle sçait que le diadéme
Est vn bien fragile en soy-mesme;
Et qu'vn iuste gouuernement
En est la gloire & l'ornement.
    IVLES aussi par sa prudence
S'oppose à vostre violence;
Et son autorité rend vains
Tous vos tyranniques desseins.
    L'œil clairuoyant de la IVSTICE
A penetré vostre malice,
Démeslé vos subtils ressorts
Et renuersé tous vos efforts.
    Mais pour bien voir ce doux genie
Qui meut vostre humble Compagnie:
Contemplons vn rare portrait,
Que vous-mesmes en auez fait.

Histoire de Caen
du mois de iuin 1653.
aussi-tost apres la
Constitution du Pa-
pe au College des
Iesuistes de cette
ville-là.

CAEN dans vostre école publique
Vid cet acte tragicomique.
Vn Philosophe instruit par vous
Vint se presenter deuant tous:

Qui

ui couurant sa mine écolliere
D'vne démarche plus guerriere,
luoit vne épée au costé,
Et sur le front quelque fierté.
D'abord l'assistance s'estonne
Qu'à Minerue on ait joint Bellonne,
Et les aspres fureurs de Mars
Au repos tranquille des arts.
Aprés cette belle équipée,
Mon braue tire son épée ;
Et sur vn ton de fierabras
De ce discours arme son bras;
Iusqu'icy les Antagonistes
De ces malheureux Iansenistes,
Ont par leurs doctes argumens
Détruit leurs vains raisonnemens:
Mais desormais en cette lutte
C'est par FERIO qu'on dispute:
C'est en frapant qu'on parlera:
C'est du fer qu'on s'escrimera.
   Ainsi vostre humeur si sucrée
Fait voir par cette échauffourée,
Qu'elle aime en son zele nouueau
A iöuer vn peu du cousteau.

C

V. ENLVMINVRE.

Sur ce que la TROMPERIE est representée auec vn laid visage sous
vn beau masque, comme estant
propre au Iansenisme.

QVelle est cette face hideuse
D'vne figure monstrueuse,
Que ces peintres Moliniens
Donnent aux Augustiniens?
C'est le Démon de TROMPERIE,
D'artifice, & de fourberie:
Dont le front noir & bazané
Semble vn visage de damné.
Comme sa laideur luy peut nuire
Il se cache pour mieux seduire;
Et prend le masque specieux
D'vn visage agreable aux yeux.
Vendeurs de chimeres bourruës,
Croyez-vous les hommes si gruës,
Que vous ne soyez pas mocquez
En parlant de trompeurs masquez?

Qui sont ceux qui tiennent écolles
Des équiuoques, des bricolles,
Des subtiles restrictions,
Et des souples éuasions ?
Qui parmy ces routes mentales
Font cent détours & cent dédales :
Où l'ame suiuant son desir
Erre & se trompe auec plaisir ?

Qui sont ceux qui de vaines fables
Ont des thresors inépuisables,
Dont ils remplissent leurs écrits,
Pour tromper les foibles esprits ?

Qui sont ceux, de qui la cabale
Assiege la bonté royale ;
Et d'heure en heure, nuit & iour ;
Tend mille pieges dans la Cour ?
Là, les paroles déguisées,
Les personnes interposées,
Font passer l'aigreur & le fiel
Sous vn discours doux comme miel.
Là, se debitent les mensonges,
Les faux rapports, les bruits, les songes ;
Et quand on est au fond du sac
On en vient iusqu'à l'ALMANACH.

Ainſi vous formez vn nüage,
Pour faire éclorre vn grand orage:
Où la foudre éclatant en l'air
Frappe auant qu'on ait veû l'éclair.
    Voila les armes tenebreuſes,
Les armes noires & honteuſes,
Qu'oppoſé voſtre laſcheté
Aux armes de la Verité.
Par vous la ſubtile impoſture
Fleſtrit la vertu la plus pure;
Et peignant vn viſage beau
En fait vn horrible tableau.
Reſeruez donc pour voſtre vſage
Ce maſque & ce bel équipage,
Que vous donnez à la candeur
De ceux qu'on connoiſt iuſqu'au cœur.
Ce n'eſt qu'en vnſtre mommerie
Que l'on peut voir la Tromperie
Ternir par ſa difformité
Leur prudente ſimplicité.
On iuge aſſez par leurs ouurages
S'ils ſe cachent ſous des ombrages:
S'ils cherchent les faux argumens,
La fraude & les déguiſemens.

Leur sincerité toute nuë
Des doctes est tres-reconnuë ;
Et trouue autant de protecteurs
Que leurs liures ont de lecteurs.
  Gardez donc vos fards, vos pomades,
Vos MASQVES *& vos mascarades,*
Et vostre fantosme TROMPEVR,
Qui n'est vray que dans vostre cœur.

VI. ENLVMINVRE.

Sur ce que l'IGNORANCE peinte
  sous la figure d'vn idiot qui a des
  òreilles d'asne, est attribuée au
  Ianssenisme.

Mais passons de la Tromperie
  A vostre belle raillerie :
A ce portrait que vous tracez
De tous ceux que vous haïssez.
  Leur caractere est la bestise,
L'IGNORANCE *auec la sottise ;*
Et pour dire tout en vn mot,
Ils ne sont tous qu'vn gros marmot.

Leurs OREILLES en longitude
En profondeur & latitude
Sont telles, qu'en a l'animal,
Qui peu raisonne, & chante mal.
  Mais si ce marmouset peut plaire
Aux plus sots du simple vulgaire,
Aux plus abjets des artisans,
Aux plus grossiers des paysans :
Vous, dont la troupe à haute teste
Aime tant à leuer la creste ;
Et l'emporter sur les Sçauans
Deuant les Dames & les Grands :
Qui cherchez les chambres dorées,
De dais & balustres parées :
Pour y debiter vos écrits
Parmy le musc & l'ambre gris :
Souffrez-vous, que vostre foiblesse
Vous reduise à cette bassesse,
De complaire au petit bourgeois,
Au menu peuple, aux villageois ?
  Quoy donc ? La stupide IGNORANCE
A confondu vostre science ;
Et des hommes priuez de sens
Des-arçonnent tant de prudens.

Qui ne sçait, qu'en leurs doctes veilles
Ils vous tirent tant les oreilles:
Qu'à vous peindre, vous en auriez
Depuis la teste iusqu'aux pieds?

Il n'est pas iusqu'à vos Libraires
Qui ne prisent vos aduersaires,
Dont les beaux liures ont tousiours
Malgré vos bruits vn si grand cours.

Mais les vostres si magnifiques
Sont les Doyens dans les boutiques,
Et gardent tousiours la maison,
Comme s'ils estoient en prison.
Tout autre liure se demande,
Se void, se prise, se marchande:
Mais pour eux, ce sont des reclus,
Que nul homme n'a iamais veus.
Toutes les feüilles amassées
Sont rame sur rame entassées,
Et les greniers en estant pleins
Ils sont les garde-magasins.
Là, les souris courent les pages
De vos admirables ouurages,
Et la troupe des nobles rats
En fait ses mets & ses bons plats.

On sçait qu'vn des
premiers Libraires
de Paris en a dans ses
magazins pour vne
tres-grande somme.

C iiij

VII. ENLVMINVRE.

Sur la repreſentation de l'ERREVR
qui ſe ferme les yeux pour ne pas
voir vne lumiere qui ſort d'vn
liure où eſt écrit , *Pro omnibus
mortuus eſt.*

M Ais ſi ce monſtre de beſtiſe
Enrichit moins voſtre entre-
Et par vn trop viſible excés   (priſe;
Ne promet pas tant de ſuccés.
D'vne couleur beaucoup plus noire
Voſtre main veut ternir la gloire
De ceux, à qui voſtre bonté
Monſtre ſa haute charité.

Voicy l'ERREVR opiniaſtre :
L'ERREVR de ſoy-meſme idolatre :
Qui veut deffendre obſtinément
Son volontaire aueuglement.
Quoy que la plus viue lumiere
Frappe ſa rebelle paupiere :
Son œil aimant l'obſcurité
Cherche l'ombre, & fuit la clarté.

elle est l'honorable figure
De ceux, dont la teste est si dure,
Qu'ils ne veulent pas, selon vous,
Voir vn rayon visible à tous.
  Inuenteurs de contes friuoles:
Quand vous vendez ces babioles,
Croyez-vous, que tous les sçauans
Ont perdu l'esprit & le sens?
IESVS est mort pour tous les hommes,
Pour nous, tout autant que nous sómes
Baptisez dans le sang d'vn Dieu,
En tout temps, tout sexe, & tout lieu.
Cet oracle est tres-infaillible:
Dans l'Escriture il est visible:
Ceux que vous blasmez faussement
Le croyent tres-certainement.
Il ne s'agit point des fidelles:
Mais de tous les peuples rebelles
Mourans dans l'infidelité,
L'atheïsme, & l'impieté:
De ceux, qui bruloient dans les flames
Quand IESVS est mort pour les ames.
Pourquoy nous broüiller en ce point?
Puis qu'il ne nous regarde point.

Mais le but de ces médisances
Est de troubler les consciences,
De causer de vaines terreurs
En feignant de fausses erreurs.
Au lieu de resoudre les doutes
En suiuant les antiques routes :
Vous ne trauaillez qu'à noircir
Ceux qui les veulent éclaircir.
On sçait, que de sçauantes plumes
Ont, par de celebres volumes,
Dépeint auec force & clarté
Cette importante verité.

En ce point, comme en tous les autres,
Ils ont pour maistres les Apostres ;
Et sont les humbles sectateurs
De l'Eglise & des Saints Docteurs.
Ils suiuent la regle asseurée
De la Tradition Sacrée :
Les Conciles, & leurs Arrests ;
Les Papes & leurs saints Decrets.
Ils ne sont point, comme MOLINE,
Les inuenteurs de leur Doctrine,
Ils enseignent ce qu'ils ont leû :
Ils nous font voir ce qu'ils ont veû.

Mais voſtre troupe auanturiere
Se laſſant dans cette carriere,
Vos heros veulent deſormais
Combattre & vaincre à moins de frais.
Vn ERREVR peint en fait l'office:
Tout cede à ce bel artifice;
Et par vn ALMANACH nouueau
Tous les liures ſont auau l'eau.

VIII. ENLVMINVRE.

Que les Ianſeniſtes ſont aueugles
dans l'Eſcriture , comme l'AL-
MANACH les repreſente, en ce
qu'ils n'y ont pas reconnu les
nouuelles lumieres, que les Peres Ieſuiſtes y ont découuertes,
en trouuant vn chemin tres-facile pour aller en Paradis.

VOvs *monſtrez par voſtre pein-*
ture,
Qu'on eſt AVEVGLE EN l'ESCRI-
TVRE;

Qu'on s'oppoſe à ſa viue ardeur :
Qu'on ne veut pas voir ſa ſplendeur.

Il eſt vray, leurs yeux de choüettes
Sont moins clairuoyans que vous
    n'eſtes :
Ils paſſeront pour des hyboux,
Si l'on les compare auec vous.

Ils n'ouürent leurs foibles paupieres
Qu'aux ſaintes & vieilles lumieres :
Qu'aux ſoleils de l'antiquité :
Dont ils recherchent la clarté.

La Deuotion aiſée
du P. le Moine, d'où
eſt pris ce qui eſt en
vn autre caractere.

Mais dans l'heureux ſiecle où nous
    ſommes
Vous éclairez bien mieux les hommes,
Et monſtrant vn ſoleil noüueau,
Leur faites luire vn iour plus beau.

LE MOINE, cét homme admirable,
Ce raffineur incomparable,
A mille ſecrets découuerts,
Pour le bien de tout l'vniuers.

Iadis le ſentier de la vie,
Où l'Euangile nous conuie ;
Que l'Egliſe ouure à ſes enfans ;
Eſtoit aſpre & pénible aux ſens.

Mais aujourd'huy ce guide sage,
De peur de passer pour sauuage,
Et pour vn Docteur de chagrin,
Nous fait marcher d'vn plus beau train.
Il vnit ces routes diuines :
Il en arrache les épines ;
Et tasche, en les semant de fleurs,
D'en bannir les croix & les pleurs.
Iadis la pieté sacrée
Sembloit seuere & retirée ;
Et fuyoit les vains ornemens,
Les jeux & les amusemens.
Mais maintenant ce peintre rare
D'vn plus bel air l'orne & la pare ;
Et par vn plus docte pinceau
En fait tout vn autre tableau.
Il rejette loin ces pleureuses,
Ces farouches, & ces fascheuses :
Dont les cœurs de crainte glacez
Sans sujet sont embarassez.
Il fuit les deuotes piquantes :
Il veut des ames complaisantes :
Qui sans épines & sans fiel
Soyent toutes de sucre & de miel.

Il est vray, que nous ne sommes pas des Docteurs de chagrin, ny des Directeurs sauuages. P. le Moine dans son Manifeste apologetique p. 95.

Routes faciles & asseurées Dans sa Lettre à Mad. de Toisy. La deuotion n'a pas eü de plus fauorables peintres, que la vertu des Philosophes : On ne luy a donné que des épines & des aiguillos. La Deuotion aisée p. 4.
Vous preniez la deuotion dans cet étage superieur, où l'on ne monte que par vne logue croix & par vne mort continuelle : où il ne monte que des contemplatifs & des extatiques : Et ie la prenois dans ce bas estage où tout le mode est appellé. A Madame de Toisy.
Vous estes vertueuse d'vn trop bel air & d'vne maniere trop agreable. A la mesme.
Il y a des demons pleureurs & seueres. p. 7. La Deuotion est accusée de melancholie p. 74. v. p. 85.
Il n'y a rien d'étrage, qu'vne maistresse si farouche ait trouué si peu de suiuans. p. 3.
On en a fait vne fascheuse qui n'aime

que la solitude. p. 4. & 5. Mon liure fera voir aux apprehensifs, que la Deuotio n'est pas là fafcheufe & l'infupportable qu'ils fe figurent,& tafchera de perfuader aux Egarez de quitter les voyes embaraffées & perilleufes, & de fuiure la Vertu par les routes faciles & affeurées quelle leur monftre. *Dans fa Lettre p. 7.* Ie fuis d'aduis que vous preftlez vos paroles à quelqu'vnes de ces Vertueufes aigres, de ces Deuotes piquantes, qui font toutes de fiel & d'épines, &c. Vous pratiquez vne Deuotion trop ciuile & trop complaifante. *Dans fa Lettre p. 4.*

Nous connoiffons affez de perfónes qui femblent auoir efté enuoyées au monde pour inftruire & pour corriger le luxe:pour rendre l'honneur à la volupté,&la remettre dans la Difcipline. *p. 202.* Il eft plus facile de faire vn Saint que de fatisfaire vn pauure: d'obeïr à Dieu que d'obeïr à vn medecin : de remplir les deuoirs du Chriftianifme que les deuoirs de la nature. *p. 244.*

I'ay monftré que la Deuotion eft aifée & facile, voire plus aifée que le vice,& plus facile que la volupté. *p. 291.*

Il s'eft toufiours veü des Saints polis, & des Deuots ciuilifez. *p. 191.*

Vous pratiquez vne Deuotion trop ciuile & trop complaifante. *Dans fa Lettre.*

Il fe trouue affez de Deuots, qui ne font pas ennemis des belles cõuerfatiõs. *p.87.*

La Volupté *par fa doctrine*
Remife dans la difcipline;
Et le luxe inftruit *fagement*
Nous font des Saints facilement.
Sa deuotion *eft* aifée:
Elle eft douce, & ciuilifée;
Et mefle aux bonnes actions
Les belles conuerfations.

Elle eft galante, elle eft jolie;
Elle eft frizée, elle eft polie;
Et marche auec cet agrément
Plus à l'aife & plus feurement.
Elle rend deuot à la mode:
D'art, de mefure, & de methode:
Nous met toufiours la ioye au cœur;
Et nous tient l'ame en belle humeur.

Vous y pourrez trouuer des adreffes qui vous aideront à marcher plus feurement & plus à l'aife. *Dans fa Lettre.* Le premier liure vous apprendra à eftre deuot de methode & de mefure. *Là mefme.* Il fe voit affez de deuots, qui ont abondance de certe humeur douce & chaude, de ce fang benin & rectifié qui fait la ioye. *p. 87.* Le iuft meflange des conuerfations inftructiues & agreables ne fe peut trouuer que par les fages polis & par les vertueux de belle humeur. *Dans fa Lettre.*

Il y a des leçons & des modelles de modeftie en vos diuertiffemens & en vos parures, & ie ne fçay

Ses parures dans leur iuftefse
S'étallent auec tant d'adreffe;

Que loin d'estre des ameçons,
Elles sont de saintes leçons.

Les ieunes ont *cet aduantage,*
Ce droit *que leur donne leur âge,*
De luire en l'aube *de leurs ans :*
D'estre roses *en leur* printemps.
Lors ces Deuotes *bien* parées
Au Cercle, *au* Bal *sont reuerées :*
Comme les astres *dans les cieux*
Sont au Bal n'estant iamais vieux :
Comme la nuit orne ses voiles
Du Cercle des ieunes Estoilles.

  Mais celle, dont l'âge auancé
D'vn prompt hyuer est menacé,
Consultant son Miroir *chez elle,*
L'aura pour directeur fidelle.
Si ses rides ses cheueux gris,
La font vn objet de mépris :
Ne pouuant plus au monde plaire ;
Qu'elle se tienne solitaire :
Qu'elle se cache, & soit en dëuil :
Qu'elle ne pense qu'au cercueüil,
Sans faire vne monstre *peu sage*
Des ruines *de son visage.*

s'il en paroist dauantage dans le Cours & dans le Bal, dans les concerts & les assemblées des Etoilles? *Là mesme.*
De tout têps la Ieunesse a creu auoir droit de se parer. Tous les iours la nature pare de nouuelles couleurs le ieune soleil, &c. Il peut donc estre permis de se parer en vn âge qui est la fleur & la verdure des ans, qui est la matinée & le printemps de la vie. *p.* 163.
Ce n'est qu'aux Etoilles qu'il appartiêt d'estre toûiours en côpagnie, & toûjours au bal, parce qu'il n'y a que les Etoilles qui ont le don de jeunesse perpetuelle. *p.* 127.
Le meilleur en ce point seroit de prendre conseil de la raison & d'vn bon miroir : de se rendre à la bienseance & à la necessité ; & se retirer quand on est aduerty que la nuit s'approche. Il y a certes peu de plaisir, & il y a encore moins d'hôneur à vouloir encore estre du monde, quand on n'a plus que des ruines à môstrer au mêde-là courir toutes les Ruelles & tous les Cercles, quand on ne deuroit plus penser qu'au cimetiere & au cercüeil. *p.* 127. 128.

Pour la jeune tout eſt permis ;
Quoy que les Anges ennemis
Par ſon œil armé de leurs flammes
Lancent vn noir feu dans les ames:
Mais aux fronts ridez ſeulement
Il refuſe tout ornement.

Vne teſte doit eſtre bien verte qui n'eſt pas encore meure à vn âge qui auroit pourry des cheſnes, & caſsé des marbres. p. 128.

C'eſt là cette eloquence à l'erte,
Dont cet homme à la teſte verte
Cajolle en ſon ſtyle coquet
Les amantes de ſon caquet.

Ainſi ſa Dame, non bigote,
Mais bien galante & bien deuote,
Preſchant par ſes ajuſtemens
Rendans ſaints les plaiſirs des ſens:

On fait la Deuotion ſeuere & critique, & ennemie des diuertiſſemens & des jeux, qui ſont la fleur de la joye, & l'aſſaiſonnement de la vie. p. 92.

Parmy le Cours, les promenades,
Les jeux, les bals, les ſerenades,
Entre les roſes & les lys,
Monte en carroſſe en Paradis.

IX

IX. ENLVMINVRE.

Que cette facilité d'aller en Paradis n'eft que pour les amis des Ie-
fuiftes ; & que pour les autres,
quelques pieux qu'ils foient ; ils
ont vn VENIN CACHE', qui
les doit faire fuyr comme des hypocrites & des trompeurs.

TELLE *eft* la conduite obli-
geante
De cette troupe accommodante :
Qui pour complaire aux vicieux
Elargit le chemin des cieux.
  Mais cette douceur fi traitable,
Si bien-faifante, & fi pliable,
Eft propre à ceux que ces Auteurs
Ont pour amis & pour fauteurs.
  Tout homme qui les fauorife
Eft plein du zele de l'Eglife :
Tout homme qui n'eft pas pour eux
Eft heretique, ou dangereux.

Ce font les termes
du P. Petau *dans la*
Pénitence publique,
Liure 2. p. 152. & li-
ure 3. p. 78.

D

Qu'vn Grand employe sa puissance
A soustenir leur violence :
Qu'il se rende en ses actions
L'instrument de leurs passions :
Qu'il soit iureur, qu'il soit auare :
Qu'il soit impur, qu'il soit barbare :
Sans foy, sans honneur, sans raison,
Estant Moliniste, il est bon.
Ou, s'il n'est pas bon pour cette heure,
Il sera saint auant qu'il meure ;
Et lors, de tous tympanisé,
Sera presque canonisé.

　Qu'vn riche signalle ses vices,
Ses vsures, ses injustices,
Et qu'on voye publiquement
Son infame débordement :
Pourueu qu'il ayme les Iesuistes :
Qu'il déchire les Iansenistes :
Il est à la fin conuerty ;
Et, bien touché, bien repenty,
Viuant en diable, & mort en Ange,
Entre au ciel par lettre de change.

　Ces priuileges & ces droits
Sont pour ceux qui sont sous vos loix :

Qui cherchant le monde & ſa pompe,
Cherchent vn guide qui les trompe.
  Mais pour ceux qui n'eſtiment pas
Que l'Egliſe ait pour ſes Atlas
Les ſectateurs de la doctrine
De voſtre ſuperbe Moline :
Qui ſçauent que ſa nouueauté
Cede à l'antique verité ;
Et qu'enfin la grace Chreſtienne
Eſt la grace Auguſtinienne :
Qu'ils ſoiët humbles, chaſtes, & doux :
Qu'ils ſoient charitables à tous :
Qu'ils ſoient fermes contre le vice :
Qu'ils ſoient conſtans pour la juſtice :
Que l'on cheriſſe leur candeur :
Que l'on admire leur grand cœur :
Qu'à Dieu ſeul ils taſchent de plaire :
Que leur vertu ſoit exemplaire :
Qu'ils ſeruent l'Egliſe & le Roy :
Que leur zele éclatte en leur foy :
Vous direz, qu'ainſi l'hereſie
Prend vn maſque d'hypocriſie,
Et déguiſe ſa fauſſeté
Sous vn voile de pieté.

Que cette dangereuse secte
Cache le poison qui l'infecte :
Qu'ils paroissent des agneaux doux :
Mais que dans l'ame ils sont des loups,

Contre un discours si raisonnable,
Si devot, & si charitable,
Quelle angelique Sainteté
Peut deffendre sa pureté ?

Il faut que la douce colombe
Sous cette imposture succombe,
Si l'on dit, qu'elle a dans le cœur
Des aspics le fiel & l'aigreur.

Malgré cet oracle supréme
Qu'a rendu la verité mesme,
On ne connoist plus l'arbre aux fruits
Que sa racine aura produits.

Contre sa parole adorable
Le raisin, la figue agreable,

Numquid colligunt de spinis uvas, aut de tribulis ficus. *Matth.* 7. 16.

Naist des ronces & des halliers,
Non des vignes & des figuiers.

Vous voulez par cette entreprise

C'est vne maxime du droit Canonique que l'Eglise ne iuge point des choses cachées.

Vous mettre au dessus de l'Eglise :
Qui formant ses divins arrests,
Laisse à Dieu les crimes secrets.

Paul nous remet au iour terrible
Où toute ame fera visible,
Pour iuger alors des pechez,
Qui dans ses replis font cachez :
Mais voftre zele plein d'audace
Preuient IESVS, & prend fa place :
Tous les cœurs vous font découuerts :
Ces grands liures vous font ouuerts.

Voftre œil jaloux croit voir vn crime,
Qui la plus belle ame enuenime ;
Et paffe Dieu mefme en ce poinct,
Voyant ce que Dieu ne void point.

Iadis l'EGLISE la plus pure
Par vne femblable impofture
Vid ternir l'illuftre beauté
De fa naiffante Sainteté.
Lors que fes mœurs irreprochables
Rendoient fes enfans venerables,
On alla chercher dans leur fein
Vn imperceptible venin.
On rendit leur vertu fufpecte :
On en fit vne infame fecte,
Qui voiloit d'vn luftre emprunté
Sa fecrete méchanceté.

Tertullien dans fon Apologie.

D iij

Quand le Seigneur deuant ſes Anges
Honore IOB de ſes loüanges,
L'orgueil du ſerpent infernal
Dãs vn vray bien cherche vn faux mal,
Comme il void que ſes œuures ſaintes
Le deffendoient de ſes atteintes :
Du dehors retirant ſes dents,
Il taſche à le mordre au dedans :
IOB, dit-il, trauaille à vous plaire;
Mais par vn eſprit mercenaire
Vn venin d'intereſt ſecret
Empoiſonne tout ce qu'il fait.

Enfin les Iuifs par ce blaſpheme
Ont attaqué le SAVVEVR meſme :
Cherchant, par vn effort pareil,
Vne tache dans ce ſoleil.
Sa ſageſſe par ſes oracles,
Sa puiſſance par ſes miracles,
Et ſes mœurs par ſa ſainteté
Confondoient leur malignité :
Mais voyant qu'il domptoit les diables,
Sur ſa gloire ils fondent leurs fables :
Attribuant à Lucifer
L'empire qu'il a ſur l'Enfer.

chaſſant l'infernalle milice,
Ils vouloient qu'il en fuſt complice:
Tant le ſuperbe & l'enuieux
void peu ce qu'il void de ſes yeux.

X. ENLVMINVRE.

Que l'vne des plus grandes ER-
REVRS des Ianſeniſtes, qui ſont
repreſentez par cet ALMANACH
ſous la figure de l'ERREVR, eſt
de n'eſtre pas tout à fait perſuadez des grands eloges que les Ieſuiſtes ſe donnent à eux‑meſ‑
mes.

MAis encor quelle eſt cette peſte?
Quelle eſt cette ERREVR ſi fu-
Qui ſe nourriſſant dans leur ſein (neſte
Les infecte par ſon venin?
Leur ERREVR ſecrette & ſubtile
Eſt qu'ils reuerent l'Euangile:
Qu'ils adorent ſa ſainte voix:
Qu'ils taſchent de ſuiure ſes loix.

Mais leur ERREVR plus criminelle,
Et plus sensible à vostre zele,
Est qu'ils nuisent au grand projet,
Que vostre gloire a pour objet.

Qu'on lise cette altiere IMAGE,
Où vous mesmes rendez hommage
A cette Idole de grandeur
Dont le temple est dans vostre cœur:
On vous verra dans vos loüanges
Vous dépeindre comme des Anges;
Et les vains les plus effrontez
Rougiront de vos vanitez.

Là, les sciences exilées
Par vous ont esté rappelées:
Vos Aigles, vos Phœnix nouueaux,
En sont les illustres flambeaux.
L'Eglise en ses mœurs affoiblie
Par vostre zele est restablie;
Et possede en vous ce thresor
Qui luy ramene vn siecle d'or.

Parmy vous ce sont tous miracles:
Autant d'hommes, autant d'oracles.

Notes marginales :

Liure des Iesuistes de Flandres intitulé: IMAGE du premier siecle de leur Societé, imprimé en 1640. où ils se donnent à eux-mesmes des loüanges prodigieuses.

Diray-je que c'est vne Societé d'hommes ou plutost d'Anges. *Liure 3. p.* 410. C'est vne troupe choisie d'Anges p. 401. Elle a esté predite par Isaye ch. 18. en ces mots: Allez Anges promts & legers. *Là mesme.*

C'est la voix publique presque de toute l'Europe, que la Societé a rappellé les vertus d'exil, a resuscité les Muses enseuelies, a restably la doctrine dans les escholes. *Prolegomenes p.* 27.

Les Iesuistes sont des esprits d'Aigles p. 406.

C'est vne troupe de Phœnix, vn Auteur ayant montré depuis peu qu'il y en a plusieurs. *Preface.* Ils ont changé la face de la Chrestienté. Ils ont fait fleurir par tout la science du Christianisme, & la pureté des mœurs au lieu de l'impieté, de l'ignorance & du luxe qui y regnoient auparauant. Ils ont fait autant regner les vertus que les vices regnoient auparauant. *Liure 1. c. 1. p.* 53.

Tous les Iesuistes sont eminens en doctrine & en sagesse. De sorte qu'on peut

Si l'Eglise a quatre Docteurs,
Elle en a cent en vos Auteurs.
Vous éclairez toute la terre :
Vous estes des foudres de guerre :
Non moins puissans ny moins hardis
Que le grand Sanson fut jadis.
Vous naissez tous le casque en teste :
Dans la plus horrible tempeste
Vos intrepides champions
Sont plus fermes que des lions.

Chez vous à vingt ans on est sage
Autant que Nestor par son âge :
Ceux qui sont sans poil au menton
Passent en prudence vn Caton.
Déja la vieillesse chenuë
Leur ieune barbe à preuenuë :
Ils paroissent adolescens ;
Mais en effet ils ont cent ans.

dire de la Société ce que dit Seneque; Il y a de l'inegalité où les choses eminétes sont remarquables. Mais on n'admire point vn arbre quand tous les autres de la forest sõt égallemēt hauts. Certes de quelque part que vous iettiez les yeux, vous ne trouuerez rien dãs la Société qui ne pûst estre eminēt par dessus les autres, s'il n'estoit parmy d'autres qui ont la mesme eminéce. *Liure 3. p. 401.*

Quels hõmes choisis, ô Dieu immortel! Quels foudres de guerre! Quelle fleur de chenalerie! Quels appuys, quels genies tutelaires & protecteurs de l'Eglise! Et j'ose dire, que chacũ d'eux est capable des plus grandes choses, & vaut luy seul vne armée. *p. 410.*

L'Esprit du Seigneur anime ces nouueaux Samsons. *p. 401.*

Ie croy que tous ceux de cette Société naissent le casque en teste. *p. 30.*

Ils sont tous des hommes masles ou pluftost des lions genereux qui ne sont estonnez d'aucuns perils. Ce sont des Heros. *p. 401.* Les moindres petits Nouices de cette Société, la moindre de toutes sont tous vieux & ont comme cent ans : & ils sont tenus tels par tout le monde, qui les appelle Peres quelques ieunes qu'ils soient. Enfin en vne Société où tous les Freres sont conduits par la sagesse diuine, qui est plus asseurée que toute la Philosophie & la plus longue experience : Et i'adiouste encore, où ils sont appellez par IESVS, qui est la Sagesse eternelle du Pere à la Société de ses soins & de ses trauaux, & assistent tout le monde auec vne affection de Peres, il n'y a personne à qui la gloire de la vieillesse ne soit deuë, qui n'accomplisse ses iours & son âge, & que l'on ne doiue croire auoir vescu vn siecle & cent ans, quoy que sa mort paroisse precipitée. *p. 36.*

Maintenant ce qui vous anime,
Ce qui fait l'erreur & le crime
Des sçauans & des grands esprits,
C'est qu'ils vous disputent le prix.

C'est que par leur illustre faute
Vostre monnoye vn peu trop haute,
Tous les iours, sans nouuel edit,
Se rabaisse & perd son credit.

C'est que l'on peze auec prudence
Au poids d'vne iuste balance
Vos vaines ostentations
Auec vos propres actions.

Là, vostre sagesse rayonne,
Icy, vostre bassesse estonne :
Là, vos Heros sont triomphans,
Icy, vous estes des enfans :
Là, vous renuersez des armées,
Icy, vous fuyez en pygmées :
Là, vous conuertissez les cœurs,
Icy, vous flattez les pecheurs :
Là, par vous fleurit l'innocence,
Icy, vous armez la licence :
Là, Dieu vous a pour ses témoins,
Icy, vous attaquez ses Oingts :

Les Iesuistes sont des Heros intrepides. *Image de leur premier siecle.* p. 401. Chacun d'eux vaut vne armée, & vn seul de cette Societé est quelquefois victorieux de tant d'ennemis, que vous iureriez qu'vne grande armée n'en pourroit pas aisément autant vaincre qu'il en surmôte luy seul. p. 419.

à, *voſtre zele aime l'Egliſe*,
y, ſes Prelats il mépriſe :
à, les Paſteurs vous reſpectez,
cy, vous les perſecutez :
à, vous ſecondez leur prudence,
cy, vous choquez leur puiſſance :
Pardonnez-nous, ſi nous croyons
Ce que de nos yeux nous voyons.

XI. ENLVMINVRE.

Sur ce que feu M. Ianſenius Eueſque d'Ipre, eſt peint en Eueſque
auec des ailes de demon, & eſt
repreſenté comme fuyant deuant l'épée nuë de la Iuſtice, &
ſe retirant vers les Caluiniſtes.

M AIS *pourſuiuons l'enluminure*
De cette agreable peinture ;
Et donnons vn coup de pinceau
A ce qui reſte en ce tableau.
Qu'apperçoy-ie ? eſt-ce vn jeu comique?
Ou pluſtoſt vn objet tragique ?

Ie voy couurir de deshonneur
L'vn des Pontifes du Seigneur.
On feint de luy rendre la vie,
Afin qu'elle luy foit rauie ;
Et qu'il rentre dans le tombeau
Par l'infame main d'vn bourreau.
On veut que la royale épée
De fon fang tres-pur foit trempée;
Et que les Monarques chreſtiens,
Imitans les Princes payens,
Profanent leur juſte puiſſance
Par vne injuſte violence.
Qui peut voir ce meſpris des loix
De Dieu, de l'Egliſe & des Roys?
Qui ne ſçait que ce Ianſſenie,
Si noircy par la calomnie,
Eclata par ſa pieté,
Sa ſcience , & ſa dignité?
    Il n'eſt point auteur de ſon liure;
Il ne fait qu'extraire & que ſuiure
Par vn enchainement diuin
Les eſcrits du grand AVGVSTIN.
Ianſſen, fait par vous dogmatiſte,
Luy-meſme n'eſt pas Ianſſeniſte:

Il fuit AVGVSTIN *pas à pas :*
Il rapporte : il n'enfeigne pas.
   S'il eft fidelle, il eft loüable :
S'il ne l'eft pas, il eft blafmable :
Mais il faut pour le condamner
Le bien lire & l'examiner.

   Penfez-vous, conteurs de fornettes,
Par ce jeu de marionettes,
Ternir la gloire d'vn Prelat
Qui vous bleffe par fon eclat ?

   En vain vous luy dreffez vn piege
Par vos faux rapports au faint Siege :
Luy, dont le zele plein d'ardeur
En reuera tant la grandeur.

Il a fa doctrine foûmife   Par fon liure & par
A ce Chef de toute l'Eglife :   fon Teftament.
Comme elle a pour fes protecteurs
Les Papes fes predeceffeurs.

   Ces cinq maximes fi celebres,   Des cinq Propofi-
Sont vn ouurage de tenebres,   tions.
Et la maligne inuention
D'vne honteufe fiction.
La fraude les a fabriquées,
En a les paroles tronquées :

Pour embroüiller la verité
Dans l'ombre de la fauſſeté.
Elles ont vn ſens heretique :
Elles ont vn ſens catholique ?
Rome condamne le premier ;
L'autre demeure en ſon entier.

Declaration du Pa-
pe, qu'il n'auoit
point voulu toucher
à S. Auguſtin.

Le Pape de ſa bouche meſme
L'a mis hors de ſon anatheme :
Voulant qu'AVGVSTIN en nos jours
Soit ce qu'à Rome il fut touſiours.
Mais c'eſtoit peu que Ianſenie
Viſt par vous ſa gloire ternie :
Il falloit, qu'vne aſpre fureur
En fiſt vn ſpectacle d'horreur.
Ce Pontife ſi venerable
Porte au dos les ailes d'vn diable ;
Et parce qu'il ſuit AVGVSTIN
Il vous plaiſt qu'il ſoit vn lutin.
On void cette marque infernalle
Iointe à la gloire epiſcopalle ;
Et ce caractere ſacré,
Des Anges meſmes reueré,
Par cette inſolence outrageuſe
Reçoit vne tache honteuſe.

Mais l'Esprit calomniateur
N'est-il pas l'vnique inuenteur
De cette imposture cruelle,
Qui rend ce Prelat, si fidelle,
Ce deffenseur du nom diuin,
Disciple du traistre Caluin?
Sa foy tres-pure & tres-sçauante
A, par vne plume eloquente,
Plus redoutable que le fer,
Percé ce ministre d'enfer.
Ce Dauid, armé d'vn saint zele,
A combattu pour la querelle
De l'Epouse du Roy des cieux
Ces Philistins audacieux.
Il a contre leur rage vaine
Soustenu l'Eglise Romaine,
Et la supréme autorité
De sa diuine Primauté.
    Apres cette preuue publique
De sa foy vrayement heroïque,
Qui peut sans indignation,
Voir cette horrible fiction?
Son zele a signalé sa vie:
Vne mort sainte l'a suiuie;

Liures de M. Ianse-
nius contre les Mini-
stres Caluinistes de
Hollande.

Par son Testament
qu'il fit vne demy
heure seulement
auant sa mort.

Il reuere en rendant l'esprit
Le Vicaire de Iesus-Christ :
Quelle est donc la haine si noire
Qui fait la guerre à sa memoire ?
Qui trouble son sacré repos ?
Qui combat sa cendre & ses os ?
Quand son liure seroit blasmable,
Sa personne est inuiolable :
Qui conserue empraintes sur soy
Les marques d'vne illustre foy.

 Qui peut souffrir, que l'imposture
Troublant les loix de la nature,
Le tire du fond du tombeau
Pour en faire vn monstre nouueau ?
Viuant, il fut tres-catholique ;
Et mort, on le rend heretique.
Viuant, il fut vn grand Prelat ;
Et mort, on le rend Apostat.
Viuant, il deffendit l'Eglise ;
Et mort, on veut qu'il la détruise.
Viuant, il combattit l'erreur ;
Et mort, on l'en rend sectateur.

XII.

XII. ENLVMINVRE.

Sur le Tableau que le Curé de Flobecq proche de Cambray, grand
Moliniste a mis dans son Eglise
depuis peu de mois, où les Iesuistes sont releuez comme dompteurs de la rage des Iansenistes,
& deux diables representez for-
geans les liures de Luther & de
Caluin sur vne enclume, & quatre celuy de M. Iansenius.

Lettre escrite de Bru-
xelles le 10. Decembre
dernier. Ie vous en-
uoye vn crayon quoy
que grossier d'vne
peinture qui est mise
à l'opposite de l'I-
mage de Nostre-Da-
me, dans l'Eglise du
village nommé Flo-
becq, Diocese de Câ-
bray par l'inuention
du Pasteur du lieu, du
tout Moliniste & ig-
norant. Vous verrez
comme il donne deux
demons à Luther, &
deux à Caluin, & qua-
tre à feu M. l'Euesque
d'Ipre, & vous con-
noistrez par là l'in-
solence des Molini-
stes en ce pays. C'est
par de telles pieces
& actions qu'on par-
uient auiourd'huy à
gagner les graces des
Iesuistes, & à obte-
nir les benefices &
offices. Tous ceux que
ne se signalent pas
de tels exploits sont
rebutez.

MAIS *cet attentat incroyable*
En vous paroist moins es-
(froyable:
Vn Moliniste audacieux,
Poussé d'vn zele furieux,
Prés Cambray, comme vous en France,
A signalé son insolence:
Voicy le spectacle nouueau,
Qu'offre aux yeux le rare TABLEAV,
Que par vne illustre entreprise
Il a mis dans sa propre Eglise.

E

Saint IGNACE *adore à genous*
La croix du Redempteur de tous.
A droit DEVX DEMONS *sur l'en-*
  clume
Forgent l'execrable volume :
Où LVTHER *de rage animé*
Contre l'Eglise s'est armé.
 Plus bas encore on void DEVX DIA-
  BLES,
Occupez à forger les fables ,
Et le poison né dans le sein
De l'abominable CALVIN.
  A gauche QVATRE ANGES FVNE-
   BRES,
Ioignant leurs armes de tenebres ,
Forgent ensemble auec le fer,
Comme vn chef-d'œuure de l'enfer,
Comme vn comble de leur manie ,
Les ouurages de IANSENIE.
  De LONGVES CHAISNES *passent*
   d'eux
Aux autres esprits mal-heureux :
Marquant, que ces deux frenetiques,
Ces chefs des derniers heretiques ,

Luther & Caluin.

font les guides de cét Auteur,

Dont vn Saint fut le conducteur.

    Au bas ces paroles se lisent,

Qui vos grands exploits preconisent.

    L'illustre Ignace en vn tel temps

A IESVS vnit ses enfans.

Sa Societé glorieuse

Est des erreurs victorieuse.

Elle terrasse par les siens

La fureur des Lutheriens,

L'impieté des Caluinistes,

Et la rage des Iansenistes;

Qui par deux Pontifes sacrez

Sont heretiques declarez.

    Croiroit-on cét excés horrible,

S'il n'estoit public & sensible;

Et releué pompeusement,

Comme d'vn temple l'ornement?

    Vn homme illustre, dont la vie

Est invulnerable à l'enuie,

Veut penetrer l'ame & l'esprit

De la grace de IESVS-CHRIST.

Il sçait, que l'Eglise Romaine,

Par sa sentence souueraine;

                    E ij

Au bas du tableau sont escrites ces paroles françoises: Saint Ignace en 1540. institua l'Ordre des Iesuistes qui a fait vn tel progrez, qu'il a presque luy seul terrassé le choc des Lutheriens & des Caluinistes, & dompté la rage des Iansenistes, heretiques declarez par Vrbain VIII. & Iannocent X.

Auec quel esprit M. Iansenius Euesque d'Ipre a entrepris son ouurage de la doctrine de saint Augustin touchant la Grace.

De siecle en siecle a rendus siens
Les dogmes Augustiniens :
Il suit cét oracle supréme,
Et lit, plein d'vne ardeur extréme,
D'vn œil d'interest épuré,
Le Docteur du ciel éclairé.
Trauaillant durant vingt années,
Il voit l'vne à l'autre enchaisnées
Les regles, qui par leurs rapports
Ne font toutes qu'vn mesme corps.
Il fait apres son grand ouurage:
Où liure à liure, & page à page,
Il prend pour son maistre en tout lieu
Ce maistre, disciple de Dieu.

　　Et cependant il est coupable,
Il est perfide, il est damnable,
Puis qu'en disant la verité
Il choque la Societé.
Tous ceux que vostre esprit anime
Ne croyent point de plus grand crime.
Qu'il suiue l'Aigle des Docteurs,
Et les Papes ses protecteurs :
Son liure ne pouuant leur plaire,
Puis qu'à MOLINE il est contraire.

A pour maiſtre Lucifer,
Pour aydes les Diables d'enfer.
  Quand d'vn ſouffle aux ames funeſte
CALVIN vomit ſa noire peſte :
Qu'il rauit l'honneur immortel
Au Dieu regnant ſur noſtre autel :
Que des Saints brizant les Images,
Combattans leurs iuſtes hommages,
Foulant aux pieds leurs monumens,
Brulant leurs ſacrez oſſemens,
Il leur fit vne horrible guerre
Et dans le ciel & ſur la terre :
Qu'il condamna l'antiquité
Par ſa ſuperbe nouueauté :
Qu'il noircit de mille blaſphemes
De Dieu les Vicaires ſuprémes :
Que d'vn ſeul coup il mit à bas
Tout l'ordre ſacré des Prelats :
Qu'il chaſſa des Saints Monaſteres
Les Vierges & les Solitaires :
Qu'il renuerſa la pieté,
La foy, les vœux, la charité;
Et par ſon deteſtable ſchiſme
Ouurit la porte à l'atheiſme,

E iij

Devx Demons *regnant dans son sein*
Guidoient son funeste dessein.

 Mais lors qu'vn Euesque en son liure
Prend pour la regle qu'il doit suiure
Des dogmes tres autorisez,
Et par Rome canonisez :
Que sa langue, pour luy müette,
*D'*Avgvstin *n'est que l'interprete,*
Qvatre Diables *sont dans son cœur;*
Et rassemblent en son erreur
La criminelle frenesie
Des deux monstres de l'heresie.

 Calvin *se rendant apostat,*
A commis vn moindre attentat.
Contre Dieu seul il fut rebelle,
Et contre l'Eglise immortelle :
Mais ce Prelat *audacieux*
A Moline *est injurieux.*

 Que si ce tableau par soy-mesme
Est digne d'vne horreur extréme :
Qui peut voir, qu'il soit en honneur
Dans le saint temple du Seigneur?
C'est là, qu'vne Image cruelle
Déchire vn Prelat tres-fidelle :

Luther & Caluin.

ESVS *void cet acte inhumain:*
ʾne Moliniſtique main
ʾans l'Egliſe, au ſein de la mere,
Meurtrit le fils deuant le Pere.

XIII. ENLVMINVRE.

ʾur vne PROCESSION *que les Ie-*
ſuiſtes de Maſcon firent faire à
leurs Ecolliers le Lūdy gras 1651,
où vn garçon veſtu en fille, & re-
preſentant leur Grace ſuffiſante
menoit en triomphe vn Eueſque,
qui repreſentoit feu M. d'Ipre.

Ve ſi ce funeſte portrait
  A moins de grace & moins d'at-
ʾes Peres doux & charitables   (trait,
En tracent de plus agreables :
ʾout MASCON *a pû de ſes yeux*
Voir leurs tableaux ingenieux.

  Ce Lundy proche du Careſme :
ʾù regne vne inſolence extréme :
Où toute la Societé
Fait monſtre de ſa pieté :
Fut choiſi, comme vn jour ſortable,
Pour vn acte ſi memorable ;

E iiij

Pour l'illustre ostentation
D'vne rare PROCESSION.

Ces Escolliers vestus
de blanc partirent de
leur College, & alle-
rent en plusieurs E-
glises.

On vid en vne longue file
Marcher aux temples de la ville
Vne troupe de leurs enfans,
Ornez & vestus d'habits blancs.

Puis dans cette feste publique
Parut en habit magnifique
Vn enfant, beau, bouclé, frizé,
Qu'en fille on auoit déguisé.
Tout éclattoit en sa coiffure
En ses atours, en sa parure ;
Et ce triomphant damoiseau
Publioit par vn escriteau :
Que sa beauté si reluisante
Estoit la GRACE SVFFISANTE.

Cet objet agreable aux sens
Attirant l'œil des regardans :
Vn plus tragique personnage
Suiuoit en vn triste équipage.
Il sembloit vn Prelat sacré,
Mais vn Prelat deshonoré :
Son rochet, son camail, sa mitre,
Faisoient voir qu'il portoit ce titre.

Mais ſa mitre eſtoit de papier :
Il marchoit comme vn priſonnier
Qui ſuit, plein d'opprobre & de honte,
Le char du vainqueur qui le dompte.
Il ſembloit aller au cercueüil,
Et luy-meſme faire ſon dueüil :
Vn creſpe, comme vn voile ſombre,
Couurant tout ſon corps de ſon ombre :
Ianſenie eſtoit figuré
Sous ce Prelat ſi bien paré.
C'eſt l'admirable ſtratagéme,
Dont voſtre prudence ſupréme
Vſa dans cette occaſion
De l'auguſte PROCESSION.
Car combien faudroit-il d'Ouurages,
Pour faire croire à tous les ſages,
Que ce grand Prelat s'eſt rendu,
Comme eſtant par vous confondu ?
Mais icy voſtre Demoiſelle
Le meine en triomphe apres elle ;
Et le promenant comme vn ours,
Luy fait faire cinquante tours.
Tout mort qu'il eſt, il veut reuiure,
Pour luy rendre gloire & la ſuiure

Il n'eſt point beſoin de combats :
Vn ſpirituel lundy gras :
De myſterieux maſcarades :
De deuotes fanfaronades :
Vn papier en mitre érigé :
Vn garçon en fille changé :
Voſtre grace bien ajuſtée :
Bien leſte, & bien étiquettée :
Vn mort qui marche, & ſe fait voir
Enuironné d'vn creſpe noir :
Toutes ces merueilles ſi rares,
Et ces ſpectacles ſi bizares
Vous rendent en fort peu de temps
De vos ennemis triomphans.

Mais ſi ces jeux vous diuertiſſent,
Si dans le peuple ils reüſſiſſent :
Plairont-ils aux hommes pieux,
Aux ſages, aux judicieux ?
Quand les ennemis de l'Egliſe
Bleſſent la royalle Preſtriſe ;
Et par d'horribles attentats
Fleſtriſſent les diuins Prelats :
Qu'ils en font des bouffonneries,
Et d'inſolentes railleries,

On souffre ces loups estrangers
Heurler contre les saints bergers.
Mais de voir dans le parc fidelle
Qu'on suiue leur orgueil rebelle :
Qu'on traite auec indignité
L'Episcopalle autorité :
Que par des injures ameres
Les enfans maltraitent les Peres :
Leur faisant, pour affront dernier,
Porter des mitres de papier :
Qu'en ce ridicule équipage
On leur insulte auec outrage :
Qu'on les méne pompeusement :
Qu'on en triomphe hautement :
Qu'on veüille rendre encor loüable
Cet aueuglement déplorable :
Mettant de noires passions
Au rang des saintes actions :
Cette entreprise si honteuse,
Si publique, si scandaleuse,
Est digne de ces zelateurs
De l'honneur sacré des Pasteurs.
Croyez-les, ils leur obeïssent,
Et sous leur moindre ordre ils fléchissēt:

Voyez agir cette humble ardeur :
Ils deshonorent leur grandeur.

XIV. ENLVMINVRE.

Sur ce que d'autres sous le nom de
Ianfeniftes font encore repre-
fentez dans cet ALMANACH
comme fe retirans vers les Huguenots.

REtournons à ce Ianffenifme
Qu'on peint dans l'erreur & l.
Qui peut voir sãs fremiffemẽt (fchifme
Ce funefte renuerfement ?
Quoy tant d'hommes grands en fcience
Tant de Prelats de noftre France;
Dont la fçauante pieté
Orne l'illuftre dignité :
Ce grand nombre d'ames fidelles :
Qui fe repofent fous leurs ailes :
Qui cherchent Dieu fans intereft,
Sont Caluiniftes s'il vous plaift ?
Armez pour leur faire la guerre,
Si vous pouuez, toute la terre :

Employez les bras tout puiſſans
Pour foudroyer tant d'innocens.
Mais laiſſez leur les biens de l'ame;
L'amour diuin qui les enflamme;
Leur foy, leur vnique treſor,
Qui s'épure au feu comme l'or.
Le cœur par ſoy-meſme inuincible
Eſt aux tyrans inacceſſible :
Le monde auec tous ſes efforts
Ne peut rien que ſur noſtre corps.
Quelle eſt donc cette rage extréme,
Qui veut rauir l'ame à ſoy-meſme ?
Qui veut qu'elle embraſſe vne erreur,
Qu'elle deteſte auec horreur ?
Si vous les rendez miſerables,
Ne les rendez pas execrables :
Ne joignez pas aux cruautez
De plus cruelles fauſſetez.
S'il faut que le ſang de vos freres
Repaiſſe vos yeux ſanguinaires,
Peignez-les, ſi vous le voulez,
Décapitez, pendus, brulez :
Mais contentez-vous de leur vie;
Sans les damner en effigie.

Et vous, qui faites les zelez,
Est-ce ainsi que vous signalez
Les beaux exploicts des Molinistes
En releuant les Caluinistes ?
Vous combattez pour leur honneur,
Et vostre triomphe est le leur.
Quel plus grand comble de leur gloire,
Que de voir, si l'on vous veut croire,
Tant de Docteurs & de Prelats
Qui se jettent entre leurs bras ?
Par vous l'Eglise est déchirée :
Par vous elle est deshonorée :
Vous formez vn cruel dessein
Contre ceux qu'elle a dans son sein :
Vous arrachez de sa mammelle
Ceux qui l'aimant sont aimez d'elle :
Vous voulez, liurant ses enfans
A ses ennemis triomphans,
Par leur eternelle souffrance
Eternifer vostre vengeance.

XV. ENLVMINVRE.

Sur le VOEV DES IESVISTES
DE CAEN A LA SAINTE
VIERGE, du mois de Iuin 1653.
par lequel ils demandent: Que
IESVS-CHRIST ne soit point
Redempteur de ceux _ là seuls
qui ne seront pas de leur sentiment, touchant leur Grace suffi-
sante donnée à tous les hommes
sans exceptió, & à chacun d'eux
en particulier ; c'est à dire que
tous ceux qui ne sont pas Molinistes soient damnez.

Ce Voëv des PP.
Iesuistes de Caën a
pour titre *Ad B. Vir-
ginem Votum*; & est
conceu en 20. vers
Latins imprimez, dőt
voicy les huit der-
niers: *Qui te, Mariæ
progenies, negat In-
trésse largi sanguinis
omnibus, Et singula-
tim cuique, vulnus
Tergere, sufficiës ma-
lagma. Si bis refossum
de veteri scrobe Mus-
sare pergat dogma
Leerdamum, Is ё RE-
DEMPTIS SINGVLIS,
ET OMNIBVS EXCI-
PIATVR VNVS. Et en
suitte, B. V. Lyceum
Colleg. Regiomót. Ca-
dom. Soc. IESV, &c.
1653. mense Iunio.*

O Nompareille charité
De la sainte Societé !
Les Martyrs au milieu des flammes
Soûpiroient pour sauuer les ames
Des bourreaux les plus inhumains,
Qui les déchiroient de leurs mains.
Mais voftre bonté feraphique,
Par fa douceur apoftolique,

Souhaitte les corps dans les fers,
Et les ames dans les Enfers :
Pour perdre les corps sur la terre,
Des Rois vous cherchez le tonnerre :
Pour perdre l'ame dans les feux
Aux Saints vous presentez vos vœux.
C'est le VOEV que CAEN vous vid
A cette Reyne Vierge & mere : (faire
La suppliant que le Sauueur
Voulust n'estre point redempteur
De tous ceux, dont l'ame éclairée
Quitte vostre route égarée.

Ainsi vostre amour fraternel
Poursuit leur malheur eternel :
Il veut, que la douce MARIE
S'accorde à cette barbarie ;
Et qu'elle damne par son Fils
Ceux dont vous estes ennemis.

Vous voulez bien, que l'idolatre,
Que l'heretique opiniastre,
L'athée & le blasphemateur ;
Ait IESVS pour son redempteur :
Mais ceux-là seuls qui vous font omb
Seront exceptez de ce nombre.

IESV

ESVS cette grace promet
Au Turc qui croit en Mahomet,
Mais qui ne croit pas en MOLINE
Perdra cette faueur diuine:
Ofez-vous penfer, que ces VOEVX
Plairont aux Efprits bien-heureux?
A celle, qui fléchit le Iuge:
Qui du coupable eft le refuge;
Et qui nous offre en fa bonté
Des entrailles de charité?
Si voftre zele vous anime
A damner tant d'ames fans crime;
Priez, pour les mettre en Enfer,
Non LA VIERGE, mais Lucifer:
Vous aurez fa rage inhumaine
Pour miniftre de voftre haine;
Mais les Saints n'ont que de l'horreur
Pour vn VOEV fi plein de fureur.

F

XVI. ENLVMINVRE.

Ce que c'est au vray que le Iansenisme. Que c'est suiure dans la
matiere de la Grace la doctrine
de S. AVGVSTIN, & non celle de
MOLINA Iesuiste. Efforts de ces
Peres pour ruiner l'autorité de ce
grand Docteur.

MAIS *quel est donc ce nouueau
crime
Qu'on reproche sans qu'on l'exprime?
Qu'on veut condamner justement,
Sans l'oser dire ouuertement?*

   *Ce crime heureux, noble, honorable,
Est qu'en vn mystere ineffable*

S. Augustin.

*On est disciple du Docteur,
Que l'Eglise eut pour conducteur.*

   *Lors que le superbe Pelage
Cachant sa venimeuse rage,
Voulut éteindre par son fiel
La puissante grace du ciel.
Le grand AVGVSTIN plein de zele
Fut l'œil de la troupe fidelle:
Fut la langue de IESVS-CHRIST,
Et l'organe du saint Esprit.*

ROME *maiſtreſſe de la terre,*
Par les grands ſucceſſeurs de Pierre,
D'âge en âge en ſa garde a pris
ſes incomparables écrits.

La FRANCE *empruntant ſa doctrine,*
Eſtablit la grace diuine;
Et de ſes mots formant ſes loix
Canoniſa ſa ſainte voix.

Quand MOLINA *produit au monde*
De ſa teſte en ſonges feconde
Ce beau dogme, *qu'il s'eſt vanté*
Luy-meſme d'auoir inuenté:

CLEMENT, *dont la ſcience rare*
Ornoit la ſupréme thiarre,
Rendit ce celeſte Docteur
Iuge de ſon accuſateur:

Il s'eſtima dépoſitaire
De ſa doctrine ſalutaire,
Comme d'vn threſor pretieux,
Qu'il tenoit de ſes grands ayeux.

Les Papes S. Inno-
cent I. Boniface, Ce-
leſtin, S. Leon, Gela-
ſe, Hormiſdas, Iean
II. S. Gregoire, Mar-
tin V. Clement VIII.
Paul V. Innocent X.

Le ſecond Concile
d'Orãge tenu en 529.
compoſa tous ces ca-
nons des propres pa-
roles de S. Auguſtin.

Molina Ieſuiſte dans
ſon Liure intitulé: *La
Concorde de la grace
auec le libre arbitre,*
dit luy-meſme de ſon
opinion; *Mon opinion
n'a eſté propoſée iuſ-
ques à preſent par au-
cun Auteur que i'aye
leu.* A nemine quem
viderim huc vſque
tradita. *Molina. Con-
cord. ad q.23. art. 4. &
5. diſp. 1. membro vlt.*
Le Cardinal Bellar-
min trouuoit mau-
uais toute la So-
cieté s'engageaſt à
ſouſtenir vne opiniõ
qui eſtoit née de l'eſ-
prit & de la teſte d'vn
ſeul eſcriuain parti-
culier. *Les Ieſuites
dans la vie de ce Car-
dinal liu. 3. c. 5.*
Le Pape Clement 8.
Voicy les raiſons qui
m'ont fait reſoudre à
prendre pour regle
dans toute cette diſ-

pute la doctrine de S. Auguſtin touchant la grace. L'vne eſt, que pluſieurs des Papes
qui m'ont precedé, ayant ſouſtenu auec tant de vigueur, & protegé auec tant de zele la
doctrine de S. Auguſtin touchant la grace, qu'ils ont voulu qu'elle demeuraſt dans l'E-
gliſe, comme luy appartenante par droit de ſucceſſion, il n'eſt pas iuſte, que ie ſouf-
fre, qu'elle ſoit priuée de ce bien hereditaire, qu'elle a receu de la main des Papes mes
predeceſſeurs. Clement VIII. dans la celebre Congregation *De auxiliis.*

Mais quoy que dans le cours des âges
Rome ait confacré fes ouurages ;
Et les fouftenant les ait mis
Hors de prife à fes ennemis :
Ses dogmes à tous venerables
A MOLINE eftant redoutables,
Pour vous tirer de cette peur
Vous voulez les perdre d'honneur.

Voftre ADAM fait voir vos penfées
Que dans fon liure il a tracées.
Parmy vous d'autres auant luy
Ont dit ce qu'il dit aujourd'huy :
Mais fi fes pas fuiuent leur trace,
Son orgueil paffe leur audace.

Pere Adam Iefuifte dans fon liure intitulé : *Caluin défait par foy-mefme.*

Si nous croyons fes fonges vains
Le chef des facrez efcriuains,
Le premier Docteur catholique
Apres la troupe apoftolique,
Diffipant les fombres vapeurs
Qu'emeût Pelage dans les cœurs,
Luy-mefme en fes écrits celebres
Fut couuert d'épaiffes tenebres.
Il eft plein d'vne obfcure nuit,
Il fe combat, *il fe deftruit :*

S. AVGVSTIN eft le premier Docteur de l'Eglife apres les Apoftres, & le principal Maiftre de l'Eglife apres faint Paul. S. Pierre Abbé de Clugny liu. 4. Ep. 17. Et contre Pierre de Breuis p. 245.
Les liures de ce faint & fçauant Docteur (S. Auguftin) font couuerts de tenebres & de nuages, comme il a efté obferué par des Theologiens tres celebres (fçauoir par

Qui veut penetrer ce mystere
Doit laisser à part ce saint Pere:
Puis que bien loin de l'éclaircir
Il ne peut que tout obscurcir.
Apres que l'ame s'est lassée
Dans sa doctrine embarassée
Tout homme peut tres librement
Prendre vn contraire sentiment.

Il seroit mesme desirable,
Dit vn Iesuiste memorable,
Qu'AVGVSTIN n'eust iamais écrit
De la grace de IESVS-CHRIST.

Il suit des maximes nuisibles,
Dangereuses, dures, horribles,
D'vn excés qu'il a detesté
Dans l'autre excés il s'est ietté.
CALVIN de ses pages sacrées
Ses propres erreurs a tirées:
Vn mesme excés les joint entre eux
Pelage est contraire à tous deux:

Molina Iesuiste.) P. Adam dans son liure intitulé: Caluin défait par soy-mesme. 3 partie ch. 6. p. 614. Sa doctrine est tres embarassée, puis qu'il n'y en a point qui le soit dauantage que celle qui en apparéce se côbat elle-mesme. Il n'est pas si heureux dans le choix de ses sentences & des fon-demens, sur lesquels il les appuye, qu'il ne laisse à nos enten-demés la liberté toute entiere de retenir leur consentement, & de deffendre vn party côtraire à celuy qu'il protege. chap. 3. p. 581. de la 3. partie. Il me suffit d'obliger mô ennemy à côfesser que S. Aug. a parlé ex-terieuremêt en faueur des deux partys, de celuy de l'Eglise, & de celuy de Caluin, & sur cet aucu LE TI-RER HORS DV COM-BA T, & porter le côbat dâs le champ des Côciles & des Peres. ch. 8. p. 639. Gabriel à Porta Ie-suite disoit souuent: Qu'il seroit à desirer que iamais S. Augu-stin n'eust escrit de la grace. Là mesme. ch. 6. p. 614.

S. Augustin durant la guerre qu'il a faite aux Pelagiens s'est ietté dans des extremitez dangereuses. Là mesme. ch. 7. p. 626. Il a des maximes farouches, dures, cruelles. P. Petau to. 1. liu. 10. c. 5. n. 1. Son sentiment du partage des éleus & des reprouuez cause de l'horreur. P. Adam 3. part. ch. 10. p. 667. Il est constant qu'il a parlé auec excés dans les matieres de la grace & de la predestination. Là mesme. ch. 7. p. 626. Il faut adoucir ses paroles pour ne passer pas de leur aigreur dans vne erreur contraire. Là mesme. ch. 8. p. 639. Ces opinions de CALVIN sont exprimées en quelques endroits des liures de S. Augustin, si vous suiuez le dehors de ses termes. Là mesme. ch. 8. p. 639. Pourueu que ie ne tombe pas dans l'erreur des Pelagiens que saint Augustin attaque, il m'est permis de ne pas suiure l'impetuosité des paroles dont il se sert pour les perdre. De là vient que ie tiens le milieu entre Pelage & CALVIN. Car si adoucissant les paroles de saint Augustin ie descendois trop bas, ie serois Pelagien, & SI IE DEMEVROIS DANS LEVR ELEVATION IE SEROIS CALVINISTE. Là mesme ch. 8. p. 640.

On a droit de mettre dans vn iuste tempé-rament tout ce que les Docteurs iugent estre dãs quelque ex-cés, & d'apporter vn adoucissemet raison-nable, afin qu'éuitant l'erreur des Pelagiês, ils ne tôbent pas dans l'excés de saint Au-gustin. La mesme ch. 8. p. 642.

Il est trop doux, eux trop seueres:
Entre ces deux excés contraires
MOLINE, éuitant la rigueur
Autant que l'extreme douceur,
Tient dans le milieu veritable
Vn temperament raisonnable.

L'ame ose-t'elle bien former,
La langue ose-t'elle exprimer,
Et la main ose-t'elle écrire
Ce que l'œil à peine ose lire?
Quoy? l'esprit de tous le plus grand,
Le plus vif, le plus penetrant
Qui parut dans cette carriere,
Tout plein d'ardeur & de lumiere:
Qui perçant de son feu si pur
De Pelage l'esprit obscur,
Auant l'éclair & dans la nüe
Sa noire foudre a preuenüe,
S'est par vn prodige inoüy
En nostre siecle euanoüy:
Toute sa pointe est émousse:
Toute sa lumiere éclypsée,

Depuis qu'en ces iours glorieux
MOLINE descendu des cieux,
Ayant de sa docte ceruelle
Fait vne foy toute nouuelle ;
A par son éclat sans pareil
Effacé ce diuin Soleil.

On l'a crû le maistre du monde :
Mais sa stupidité profonde
Dans ses liures, qu'on croit si Saints,
Se combat de ses propres mains.

Iadis la race de Pelage
L'auoit noircy de cét outrage
Que ses discours démesurez
Du vray point s'estoient égarez :
Qu'estant d'vne erreur aduersaire
Il tomboit dans l'erreur contraire :
Mais le grand Pape CELESTIN
S'arma pour deffendre AVGVSTIN :
Il reprima cette insolence
En des Prestres de nostre France :
Loüant sa iuste fermeté
Dans le point de la verité.

Maintenant ses armes brisées
Sont encore au monde exposées :

Les Semipelagiens, sçauoir Caslien & autres Prestres de Marseille, contre lesquels S. Celestin 1. Pape écrit dans sa 2. Epistre aux Euesques de Frãce : On a tort de décrier les ouurages de l'vn des plus excellés Maistres de l'Eglise, & de l'accuser faussement d'auoir excedé & passé au delà des bornes iustes & necessaires. Sa memoire est sainte, & l'on ne l'a iamais soupçonné de la moindre erreur.

F iiij

On lance ces traits de nouueau :
On veut esteindre ce flambeau :
On suit cette voix heretique,
Et non l'oracle Apostolique.

Ce Heros a, durant vingt-ans,
Conduit les diuins combatans.
L'Eglise du ciel animée
L'eut pour chef de sa sainte armée.
Maintenant vn déclamateur
Le chasse comme vn deserteur :
Rend sa vaillance criminelle,
Et flestrit sa gloire immortelle.
Il veut, que CALVIN mesme ait pris
Son poison de ses saints écrits :
Il joint le Prince des fidelles
Au Prince infame des rebelles :
Au démon l'Ange, au bouc l'agneau,
Et la colombe à ce corbeau.

De TRENTE les illustres Peres
Estouffent ces vaines chimeres.
Le grand AVGVSTIN par leur voix
De la Grace establit les loix :
Leur foy le consulte & l'écoute,
Pour marquer la diuine route.

Il y a plus de vingt-ans que l'armée Catholique combat & surmonte les ennemis de la grace sous la conduite de ce grand homme. S. Prosper contre l'Auteur des Conferences ch. 1.

Le Concile de Trente a fait des canons touchât la grace, pris des propres termes de S. Augustin.

Qui peut donc souffrir ces excés,
Qui frappant le ciel de leurs traits,
Pour faire vn party Ianseniste
Font mesme AVGVSTIN Caluiniste?
Leur zele à l'Eglise aujourd'huy
Derobe son plus ferme appuy:
Aux Caluinistes abandonne
Ce Docteur, sa forte colomne;
Et les rend Augustiniens:
Pour nous rendre Moliniens.
  Grand Saint, ta splendeur ineffable
Est aux hommes inuiolable:
Tu déplores du haut des cieux
Ces outrages audacieux.
Mais ceux, en qui ta langue sainte
A ton humble doctrine emprainte,
Sont maintenant trop honorez,
Estant auec toy déchirez.
Tu partages l'ignominie
Dont on veut couurir Iansenie:
On n'a pû sa gloire obscurcir
Sans te blesser & te noircir.
Il est Caluiniste, il est traistre,
Parce qu'il t'a pris pour son maistre;

M. d'Ipre eft repre-
fenté dans l'Alma-
nach tenant fon liure
auec ce titre *Corn.
Ianfenij Auguftinus.*

Et *fon liure portant ton nom*
D'Euefque l'a rendu démon.
Mais la marque la plus conftante
D'vne ame vrayement innocente,
Eft d'eftre coupable auec toy,
D'eftre complice de ta foy.

   Qu'on ouure ces archiues faintes,
Où l'Eglife a fes loix dépeintes :
AVGVSTIN, s'y void en tout temps
Briller de rayons éclatans.
La Grace en fes liures inonde
D'vn deluge heureux tout le monde.
Son nom vole au delà des mers :
C'eft le maiftre de l'vniuers :
Il eft l'amour des Catholiques :

S. Bernard l'appel-
le le tres-fort mar-
teau qui a brifé les
heretiques.

Il eft l'effroy des heretiques :
Des grands Saints il eft admiré :
Des Papes il eft reueré :
Ils combattent pour fa victoire :
Ils font leur honneur de fa gloire :
Ils veulent qu'on fuiue fa voix :
Qui l'attaque, attaque leurs loix.

Saint Gregoire Pa-
pe au 8. liure de fes
lettres ep.37. dit que
les efcrits de S. Au-

   GREGOIRE en fon éclat fuprém
Pour luy garde vn refpect extréme :

l imprime à tous les esprits
l amour de ses diuins escrits,
rés de ses liures admirables
l iuge les siens méprisables :
l se croit du son seulement,
AVGVSTIN la fleur du froument.
BERNARD le prēd pour sa colomne,
Dans les hauts titres qu'il luy donne ;
Et ce Saint d'ailleurs si sçauant
Veut bien errer en le suiuant.
Les Conciles dans leurs sentences :
Les Prelats dans leurs ordonnances :
Les Vierges dans leur sainteté :
Les peuples dans leur pieté :
Toute l'Eglise en paix, en guerre,
L'honore dans toute la terre :
Par ses regles nourrit le cœur :
Par ses armes combat l'erreur.
Il est le Docteur de la Grace.
Si tout autre en tout il surpasse,
Dans cette haute verité
Il s'est luy-mesme surmonté.

Apres ce triomphe si iuste,
Reposant sur le throsne auguste,

gustin sont la pure fleur de froument, & les siés du son, en cóparaison de ceux de ce Pere.

S. Bern. en son ep. 77. à Hugue de saint Victor.

Le Siege Apostolique a declaré qu'il anoit approuué les sentimens de saint Augustin touchant la grace & le libre arbitre. Baronius 10. 10. Apres cette approbation ses sentimens ne doiuent pas estre considerez comme l'opinion de quelque Docteur particulier, mais estre nommez la foy de l'Eglise Catholique. Cardinal Bellarmin liu. 2. de la grace & du libre arbitre.

Il est au dessus de tous les Peres pour son esprit & pour sa doctrine, & il merite d'estre honoré singulierement comme le Docteur & le deffenseur de la grace de Iesus-Christ. *Cardinal de Berulle dans sa vie liu. 3. ch. 12.*

Où l'ont mis les diuines mains
Des plus grands d'entre les humains:
Apres tant d'oracles celestes,
Qui peut souffrir ces bruits funestes,
Qu'AVGVSTIN tombant aujourd'huy,
MOLINE regne au lieu de luy:
Qu'AVGVSTIN de Christ l'interprete,
Du throsne mis sur la sellette,
De MOLINE écoute la voix
Dont il fut le juge antrefois?

Les Papes Clement 8, & Paul 5. l'auoient establi pour la regle dans le iugement de la doctrine de Molina, qui fut censurée comme Semipelagienne par la celebre Congregation de *Auxilijs.*

(Verrons-nous sa gloire estouffée
D'vn sophiste orner le trophée?
Verrons-nous l'antique Docteur
Ceder à ce nouuel auteur,
L'humble chef à ce chef superbe,
Le haut cedre à cette basse herbe,
L'aigle forte à ce foible oiseau,
Le grand fleuue à ce vil ruisseau?)
Qui suit AVGVSTIN suit l'Eglise
Qui le rejette la méprise:
Puis qu'elle seule l'a porté
A ce comble d'autorité.

Quand il seroit vray (ce qui n'est pas) que tout ce que dit Iansenius fut la doctrine

Cét esprit rare entre les hommes
Fut toutefois ce que nous sommes.

Il pût faillir : il pût errer :
On pût le suiuant s'égarer :
Luy mesme en son humble sagesse
Reuoit ses écrits, les redresse ;
Et le point qu'il a retracté
Est voftre mesme noueauté.
Mais de Dieu l'Eglise éclairée
Sa doctrine ayant confacrée :
S'il peut encore s'égarer
L'Eglise sainte peut errer.
Ainsi c'est l'Eglise infaillible
Qui le rend irreprehensible :
Il tient d'elle, & non pas de luy,
Le haut rang qu'il tient aujourd'huy.

de S. Augustin, bien que S. Augustin soit tres-eminent entre les Docteurs Latins, & digne de mille loüanges, il n'est pas neantmoins infaillible, comme il l'a assez montré par ses retractations, & n'est pas la regle de noftre foy. Ie ne croiray pas à faint Augustin, si la sainte Eglise ne me porte à cette creãce. *Aduis d'vn Iesuite à vn Ecclesiastique de Louuain p. 23.*

XVII. ENLVMINVRE.

Sur le mespris de l'autorité de faint AVGVSTIN, que les Iesuiftes du College de Clermont tesmoignerent dans vne difpute publique, auffi-toft apres la Conftitution du Pape.

Ais cette troupe est peu jalouse
De la gloire de cette Epouse :

Qui iointe au Monarque des cieux
Regne en tout tĕps cŏme en tous lieux:
Leur ame est toute possedée
De cette ambitieuse idée,
Que tout cede à leur interest,
Que tout est saint quand il leur plaist.
  Que l'Eglise soit en tumulte:
Qu'à ses saints Docteurs on insulte:
Que les esprits soient diuisez:
Que les cœurs soient scandalisez:
Que la verité soit blessée:
Que la grace soit renuersée:
Qu'on croye, que durant mille ans
Tant de Papes saints & sçauans,
Tombant dans l'erreur par méprise
On fait errer toute l'Eglise,
Luy donnant pour celeste pain
Les écrits du grand AVGVSTIN:
Tous ces troubles leur sont aimable
Tous ces scandales agreables:
Pourueu qu'ils esperent tousiours
Que leur MOLINISME aura cou
Que leur science fantastique
Reglera la foy Catholique;

t que Rome écoutant leur voix
etractera toutes ses loix.

Certes cette entreprise est grande :
Mais non pour vostre illustre bande :
Au moins si l'on croit le tableau
Qu'en a fait vostre humble pinceau.
Selon vous vostre Compagnie
Au saint Pere est si fort vnie,
Qu'indiuisible d'auec luy
Elle en est la gloire & l'appuy.
Iadis en la loy Mosaïque
Le grand Pontife Iudaïque
Portoit attaché sur son sein
L'ORACLE celebre & diuin.
Là, les douze pierres sacrées
Quatre fois en trois separées
Par leur éclat mysterieux
Luy monstroient le vouloir des cieux.
Leur flamme viue ou languissante
Estoit vne langue eloquente :
Qui découuroit auec clarté
La doctrine & la verité.

Maintenant, si l'on ose dire
Ce que vous osez bien écrire,

IMAGE du premier siecle liu. 5. c. 5. p. 622. LA SOCIETE' est ce tyssu d'or, d'hyacinthe, de pourpre & de graine deux fois teinte, que l'Escriture appelle le Rationnel du iugemét, & les Grecs L'ORACLE. Car quand ie côsidete la forme quarrée qu'il auoit, i'y découure LA SOCIETE' marquée comme en figure, à cause qu'elle est répanduë dans les quatre parties du monde : Et quãd i'enuisage ces trois rãgs de quatre pierres precieuses, qui representoient en vne maniere admirable LA DOCTRINE ET LA VERITE', ie me remets en l'esprit les diuers ouurages de plusieurs de cetteCôpagnie, qui bien que surpassant l'effort ordinaire de la nature, sont reconnus toutefois comme côtenant la doctrine & la Verité. Et lors que ie pêse que cet ORACLE estoit porté sur la poitrine du grãd Pô-

tife des Iuifs, il me
femble voir cette tres
petite *Societé*, qui est
comme *attachée sur*
la poitrine d'vn plus
faint Pontife, qui est
le Pape.

Le Pape vous tient sur son sein
Comme son ORACLE *diuin.*
Toutes vos plumes *merueilleuses*
Luy font ces pierres lumineuses.
Il prend de la Societé
La doctrine & la verité:
Dans le repos, dans le tumulte
Elle est L'ORACLE *qu'il consulte.*
Vous donnez donc le faint Efprit
Aux Vicaires de Iefus-Chrift.
Vous estes la fource premiere
De l'Apostolique lumiere:
Le Souuerain chef des Pasteurs
Vous ayant pour fes directeurs,
Vous estes par vn droit fupresme,
L'ORACLE *de l'oracle mefme.*
Que fi voftre modeste cœur
S'érige en ce point de grandeur,
Conceuez vne hardieffe
Qui foit digne de fa hauteffe.
*Qu'*AVGVSTIN *ait tant éclatté:*
Que Rome l'ait tant confulté.
Qu'elle foit encor gardienne
De la grace Augustinienne:

Le

Lors qu'elle a marché sur ses pas
Elle ne vous consultoit pas.
Mais qui pourra trouuer estrange,
Qu'à l'auenir le Pape change,
Si vous, SES ORACLES *si saints,*
Luy monstrez, selon vos desseins,
Qu'vne foy jadis inconnüe
Du Ciel par MOLINE *est venüe,*
Et possede en sa nouueauté
La doctrine & la verité ?
ROME *y peut former quelque obstacle:*
Mais vostre troupe est SON ORACLE,
Et si vous seuls en estes crûs
AVGVSTIN *ne le sera plus.*

 Paris a veu dans vos écholles
Vos actions & vos paroles
Tendre à rauir ce iuste honneur
A ce grand Ange du Seigneur.

 Dans vne dispute fameuse,
Deuant vne troupe nombreuse,
Illustre par sa qualité,
Et sainte par sa dignité,
On vid ce Docteur admirable
Chassé de son rang honorable ;

G

À la fin du mois de Iuin de l'année derniere, dãs vne dispute de Philosophie, où estoient presens plusieurs de M. les Euesques, le respondant instruit par ces Peres, se mocqua de l'autorité de saint Augustin qu'on luy obiectoit en disant: TRANSEAT AVGVSTINVS: Et sur

qu'on infifta, que S.
Auguftin ne deuoit
pas eftre ainfi reietté,
il repartit: Que faint
Auguftin, quoy que
grãd Docteur.n'eftoit
pas infaillible, côme
l'Eglife parlant par
le Pape, & qu'ainfi il
auoit eu raifon de
dire : TRANSEAT
AVGVSTINVS.

Et precipité du haut lieu,
Où l'a mis l'Eglife de Dieu.

Vn de vous oppofant ce Pere,
AVGVSTIN, dit-il, eft contraire:
PASSE AVGVSTIN, dit l'écollier
Poußé de voftre efprit altier.
Tout beau, repartit ce Iefuifte
Contrefaifant le Ianfenifte :
Ce faint a grande autorité,
Et doit eftre plus refpecté.
Qu'il foit, luy dit-on, venerable,
Qu'il foit grand, qu'il foit eftimable :
Mais quoy qu'on doiue l'honorer
C'eft vn Docteur qui peut errer :
L'Eglife feule eft infaillible,
Elle parle en fon chef vifible.
Tout ce jeu fe termine enfin
En concluant, PASSE AVGVSTIN
Et fon autorité facrée
Demeure ainfi deshonorée.
Les auditeurs furent furpris
De cet audacieux mefpris.
Des Prelats la docte prudence
Eut horreur de cette infolence;

Et témoigna publiquement
Condamner ce déreglement.

   Adam de sa plume hardie
Auoit peint cette comedie :
Mais vous en fustes les acteurs
Deuant de si grands spectateurs.
Vous donnez credit à ses songes :
Vous autorisez ses mensonges :
Vous suiuez ce qu'il establit :
Et vous faites ce qu'il a dit.

   Vous voulez-donc, qu'Augvstin
Que cette estoille de la grace,   {*passe:*
Par qui nous luit la verité,
Perde sa diuine clarté.
Mais puis que c'est Dieu qui l'a mise
Au firmament de son Eglise :
Malgré vous elle y brillera ;
Et iamais ne s'éclypsera :
Ses flammes ne sont point blessées
Des fléches contre elle lancées,
Qu'elle void retomber sur ceux,
Qui veulent éteindre ses feux.

   C'est Dievv, qui luy donne sa gloire :
C'est Dieu, qui garde sa memoire :

Le P. Adam Iesuiste dont on a rapporté cy-dessus les excés horribles côtre saint Augustin, & entre-autres, qu'on doit le tirer hors du combat, pour s'arrester seule-ment aux Conciles & aux autres Peres.

C'eſt Dieu, dont l'immobilité
Eſt l'appuy de ſa fermeté.
Taſchez de changer l'immuable,
Et d'ébranler l'inébranlable:
Attaquez Dieu dans vos combats:
AVGVSTIN *ne paſſera pas.*

 L'EGLISE *au redempteur ſi chere*
Eſt protectrice de ce Pere:
Cette épouſe du Roy des Rois
Le rend ſon oracle & ſa voix.
Tentez de vaincre l'inuincible:
Ou d'alterer l'incorruptible:
Soyez-luy des enfans ingrats:
AVGVSTIN *ne paſſera pas.*

 ROME *le throſne du grand Pierre,*
La teſte auguſte de la terre,
Par ſes Pontifes glorieux
Eleue ce Saint iuſqu'aux cieux:
Démentez ces bouches ſupreſmes:
Oſez iuger les iuges meſmes:
Refuſez de ſuiure leurs pas:
AVGVSTIN *ne paſſera pas.*

Declaration du Pape en faueur de S. Auguſtin depuis ſa Conſtitution.

 C'eſt cette incroyable penſée
Que le ſaint Pere a renuerſée:

Faiſant voir, qu'INNOCENT dernier

Eſt ſur le throſne du premier.

Il parle comme ces anceſtres

Du plus diuin des diuins Maiſtres;

Et de ſa bouche l'honorant

Les reuere en le reuerant.

Les Saints Prelats de noſtre FRANCE

Imitans ſa haute prudence,

Secondent par leur dignité

L'Apoſtolique Majeſté,

Ces grands ſucceſſeurs des Apoſtres

Ont d'autres maiſtres que les voſtres:

Ils cherchent loin de vos ruiſſeaux

Des ſources de plus pures eaux.

Les loix, les decrets immobiles

De leurs Peres, des Saints Conciles,

Sont l'oracle qui les inſtruit,

Sont le Phare qui les conduit:

Ils ſont diſciples de l'Egliſe

Que Dieu meſme leur a commiſe:

Ils ſont ſes illuſtres Docteurs

Sous le chef de tous les Paſteurs.

AVGVSTIN leur eſt venerable,

Autant qu'il vous eſt mépriſable:

G iij

S. Innocent I. Pape s'eſt joint auec faint Auguſtin côtre l'hereſie Pelagienne, & a eſté le premier des Papes qui l'ait condamnée.

Ils sçauent respecter sa voix,
Estant, & Prelats, & François.

La FRANCE a cet honneur si rare,
Que par EROS & par LAZARE
Elle a découuert le venim
Que cachoit Pelage en son sein.

Le sçauant PROSPER sorty d'elle
Pour la grace brule de zele:
Est l'aide d'AVGVSTIN vainqueur:
Est sa bouche & son second cœur:
Le Phœnix rené de sa cendre:
L'Apelle de cet Alexandre:
Qui l'ayant peint dans ses beaux vers,
Le signale en tout l'vniuers.

Ces deux Heros, GERMAIN d'Au-
Et LOVP passent en Angleterre; (xerre
Et par des faits prodigieux
Soustiennent la grace des cieux.

Arles du ciel receut CESAIRE,
De son siege la lampe claire:
Qui dans ORANGE presida:
Qui le saint Concile guida:
Et prit, pour regler sa doctrine,
D'AVGVSTIN la langue diuine.

Ces deux saints Prelats, EROS Archeuesque d'Arles, & LAZARE Euesque de Marseille furent les premiers, qui se rendirēt accusateurs cōtre Pelage. S. Aug. des actes du Concile de Palestine. ch. 16.

M. le Cardinal du Perron dans sa Replique appelle S. PROSPER la seconde ame de S. Augustin, & le Phœnix rené de sa cendre.

S. GERMAIN d'Auxerre & saint LOVP de Troyes furent enuoyez en Angleterre, pour la purger de l'heresie Pelagienne, qui s'y renouūeloit. Ce qu'ils firēt par de grands miracles.

S. CESAIRE Archeuesque d'Arles presida en 529. au second CONCILE D'ORANGE, qui composa tous ses canons des propres paroles de saint Augustin.

ALCIME *illuſtre par ton ſang,*
Par ta ſcience, & par ton rang,
Tu vainquis par ton docte ouurage
Fauſte, rejetton de Pelage.

AVGVSTIN *par toy, grand* REMY,
Dans ſa ſplendeur eſt affermy :
Tu fus l'Ange & l'intelligence
Du ſaint Concile de VALENCE.
Ta plume en tes nobles écrits
D'AVGVSTIN *vange le mépris,*
Et condamne ſes aduerſaires
Comme inſolens *&* temeraires.
Tu prédis, qu'aux temps auenir
Iuſqu'au iour, où tout doit finir,
AVGVSTIN *par ſa langue pure*
Inſtruira la race future.

PRVDENCE *ajouſta ſon éclat*
Aux vifs rayons de ce Prelat :
Il fut compagnon de ſa gloire
Comme il le fut de ſa victoire.
Sa foy d'vne ſçauante main
*Imitant les traits d'*AVGVSTIN
De la grace qu'il a dépeinte
Nous retrace vne image ſainte.

G iiij

S. ALCIME AVITE Archeueſque de Viéne refuta les liures de Fauſte Bueſque de Riez, chef des Semi-pelagiens.

S. REMY Archeueſ-que de Lyon tint le 3. Concile de Valen-ce en 855. où quel-ques points de la gra-ce furent decidez ſe-lon la doctrine de ſaint Auguſtin,

Nous auons eſté frappez de douleur lors que nous auons veu, que l'autorité des ſaints Peres, & principalement de S. AVGVSTIN, qui eſt tres-venerable & tres receuë dãs toute l'E-gliſe, eſt attaquée par vn nouuel effort, & par vne entrepriſe trop temeraire, & qu'autant qu'il a eſté en eux, elle eſt indiſ-crettement & inſo-lemment violée. S. *Remy Arch. de Lyon en ſon liure des trois Epiſtres. ch.* 24.
Les ſentimés du tres-heureux Pere AVGVS-TIN ont eſté touſiours receus de l'Egliſe a-uec reuerence, & le feront iuſqu'à la fin du mõde. *Le meſme S. Remy au meſme lieu.*
S. PRVDENCE Bueſ-que de Troyes a écrit d'excellens liures ſur la Predeſtination & ſur la Grace, & a ſou-ſtenu puiſſamment l'autorité de S. Au-guſtin,

Tant de témoins au ciel viuans
Font voir, que la FRANCE en tout
　　temps
De grands hommes mere feconde
Prefche AVGVSTIN dans tout le môde.
L'efprit des faints predeceffeurs
Vit encore en leurs fucceffeurs :
L'ardeur des enfans renouuele
Des Peres la flamme & le zele :
Leur foy contemple ces flambeaux,
Pour guider leurs facrez vaiffeaux ;
Et ces aftres font la claire ourfe,
Qui reglent leur diuine courfe.
　Vous qui faites vn ciel nouueau,
Où MOLINE eft le feul flambeau ;
Où ces eftoilles fi brillantes
Sont toutes pafles & mourantes :
Raffemblez vos diuers efforts :
Déterrez les Euefques morts :
Redoublez voftre injufte guerre :
Remuez le ciel & la terre :
Combattez les diuins Prelats :
AVGVSTIN ne paffera pas.

XVIII. ENLVMINVRE.

ſur la maniere, dont les Ieſuiſtes
traitent ceux qu'ils appellent Ianſeniſtes, dans leur Catechiſme de
S. Louys: Et ſur le debit de cet
ALMANACH.

M Ais quittons ces diſcours ſe-
ueres:
Ie reuiens à vous, mes bons Peres,
Qui me raillez peut-eſtre vn peu,
Comme eſtant ſeurs de voſtre jeu.
AVGVSTIN, & toute ſa gloire:
La Grace, & toute ſa victoire:
Les Prelats, & toutes leurs loix
Cedent à vos moindres exploits.
Vous tenez vos nobles aſſiſes
Dans la plus belle des Egliſes,
Dans ſaint Louys, voſtre Palais,
Où rien ne trouble voſtre Paix.
Voſtre celebre Catechiſme
Fait paroiſtre le Ianſeniſme

En heretique, en criminel,
Couuert d'vn opprobre eternel.
Là, cette troupe déplorable
Vous vient faire amende honorable :
Vous leur prononcez leur arreſt ;
Et les damnez quand il vous plaiſt.
Sur ce magnifique theatre
Tout ſpectateur vous idolatre :
Les filles, les petits garçons,
Admirent vos doctes leçons.
Là, le Pere Scientifique,
D'vn air tirant ſur le comique,
Au diſcours graue & ſerieux
Meſle vn peu le facetieux.
Chaque enfant apprend ſon rama
Pour bien ioüer ſon perſonnage ;
Et le gentil roſſignolet
Debite ſon petit rolet.

Le Ieudy 5. Fevrier
dernier l'Imperatri-
ce dit : Qu'elle auoit
eu inſpiratiõ de Dieu
de faire renoncer à
l'hereſie du Ianſenif-
me ſes compagnes,
qui deuoient monter
du petit Catechiſme
au grand.

Là, le ſaint Eſprit leur inſpire
Ce qu'ils ont appris pour redire ;
Et ce dicton du ſaint Eſprit
Eſt dans leur poche bien écrit.
Là, le point le plus authentique
De la creance catholique

ſt de croire pour apoſtats
ux qui ne vous adorent pas :
us montrez, que les Ianſeniſtes
nt pires que les Caluiniſtes :
ue leur damnable nouueauté
urpaſſe toute impieté.
Là, le Pape chef de la terre
et entre vos mains ſon tonnerre :
parle comme vous parlez ;
t perd tous ceux que vous voulez.
Les enfans ouurent leurs oreilles
toutes ces grandes merueilles :
os diſcours trempez dans le fiel
eur ſont des oracles du ciel.
nſen, dans leur petite teſte
aſſe pour vne eſtrange beſte :
our vn fantoſme qui fait peur :
our quelque monſtre plein d'horreur.
Là, voſtre puiſſance leur donne
e prix, l'Empire, & la couronne :
es Roys, les Reynes tour à tour,
egnant par vous, vous font la cour.
Là, tombent ſous voſtre vaillance
es plus braues en leur abſence :

Dans l'vn de ces Ca-
techiſmes on fit cette
demande : Qui ſont
auiourd'huy les plus
grands hæretiques? Et
on répondit ; Ce ſont
les Ianſeniſtes.

Et dans cette escrime d'enfans
Vous estes tousiours triomphans.
Vous parlez sans qu'on vous réponde
Vous regnez en ce petit monde :
Vous transformez vos passions
En de saintes instructions.

　Là, tous vos iours sont beaux, son
　　calmes :
Ce champ n'a pour vous que des pal
　　mes ;
Et ce lieu vous met dans Paris
Hors d'atteinte à tous les écrits.

　Pour les Prouinces du Royaume :
Vous sçauez comme on les empaume :
Vous estes fournis d'hameçons,
Pour prendre ces petits poissons.
Vostre troupe en souplesse habile
Fera courir de ville en ville en ville
De fat en fat, de sot en sôt
Cet ALMANACH de Dom Guicho
Vous auez cinquante emissaires,
Pour en donner mille exemplaires :
Lettres sur lettres voleront,
Qui bruits sur bruits inuenteront :

Trois des plus fameux Ianfeniftes
Depuis trois iours font Caluiniftes
Deux pour Geneue font partis,
Et quatre fe font peruertis.
Les prifons dans peu de femaines
De Ianfeniftes feront pleines :
Depuis peu fix ont fait feftin
Auec le Miniftre Aubertin.
On a des aduis d'importance,
Qu'ils veulent guerroyer en France ;
Et fe ioindre à ce fier Anglois :
Ce barbare tyran des Roys.
Leur troupe infolente & rebele
Tient déja l'Eftat en ceruele :
On n'attend plus que le moment
Qu'ils mettront tous l'écharpe au vent.
   Vn homme ainfi fort de l'Eglife
Sans que luy-mefme s'en auife :
Court à Geneue fans bouger,
Et va bien loin fans déloger.
Tel en fa chambre loin du monde
Lira dans vne paix profonde :
Qui, fans en partir, bat aux champs,
Court par tout, affemble des gens.

Faux bruits.

Ces fables & ces goguenettes
Sont les importantes gazettes,
Que sement, pour tromper les veaux,
Vos esclaues, & vos Fileaux.
Elles sont comme la dorure;
Et la premiere enluminure:
Qui donnent vn éclat nouueau
A voſtre rauiſſant tableau.
   Ainſi l'ALMANACH fait merueilles
Pour tout aſne à courtes oreilles.
Il enſeigne admirablement ;
Et rend docteur en vn moment.
Les liures ſont plus longs à faire:
Tous n'ont pas tant le don de plaire ;
Et ſouuent ayant peu de cours
Sont ſujets à quelques retours.
Mais l'ALMANACH eſt vn volume
Pour qui le burin ſert de plume:
Qu'vn Graueur écrit par ſon art,
Et qu'on lit tout d'vn ſeul regard.
Sa feüille en merueilles feconde
Vole en poſte par tout le monde;
Et tous ſans peine y peuuent voir
Ce qu'à peine on peut conceuoir,

Courage donc, Rois des sciences,
Que vos sublimes connoissances
Triomphent glorieusement
Par ce dernier couronnement.
Les Ieans petits, les Nostradames
Cedent à vos illustres ames.
Leur art si foible & si borné
N'a jamais si bien deuiné.
Vous deuinez, que le saint Pere
Fait ce qu'il n'a pas voulu faire:
Qu'vn Prelat, viuant tres pieux,
Mort, deuient ennemy des cieux:
Que de tres zelez Catholiques
Bon gré, malgré sont heretiques:
Qu'vn Prince tres-Iuste & tres-doux
S'arme pour les foudroyer tous.
  Ainsi vostre docte peinture
Vous rend maistres de la nature,
Rois des ames comme des corps,
Iuges des viuans & des morts.
  Mais que vostre verue feconde
D'Almanachs remplisse le monde:
Déchirez, mordez, menacez:
Et conte sur conte entassez:

L'Augustinienne doctrine

Viura malgré voftre MOLINE;

Et tant que ROME *fleurira*

Sur fa pierre s'affermira.

L'Eglife n'est point variable:

Ce qu'elle a dit cent fois est stable:

On ne la pousse point à bout:

Le ciel est maistre, & DIEV S'

TOVT.

L'Eglise Romaine, protectrice de la doctrine & de l'autorité de faint Auguftin, durera jufqu'à la fin du monde.

FIN.

Enluminé pour la premiere fois le 15. Ian
& pour la feconde le 18. Février 1654.

www.ingramcontent.com/pod-product-compliance
Lightning Source LLC
Chambersburg PA
CBHW060621100426

42744CB00008B/1455